Droit et médiation dans l'espace OHADA

Logiques Juridiques

Fondée par Gérard Marcou
Dirigée par Thomas Perroud

Le droit n'est pas seulement un savoir, il est d'abord un ensemble de rapports et pratiques que l'on rencontre dans presque toutes les formes de sociétés. C'est pourquoi il a toujours donné lieu à la fois à une littérature de juristes professionnels, produisant le savoir juridique, et à une littérature sur le droit, produite par des philosophes, des sociologues ou des économistes notamment.
Parce que le domaine du droit s'étend sans cesse et rend de plus en plus souvent nécessaire le recours au savoir juridique spécialisé, même dans des matières où il n'avait jadis qu'une importance secondaire, les ouvrages juridiques à caractère professionnel ou pédagogique dominent l'édition, et ils tendent à réduire la recherche en droit à sa seule dimension positive. À l'inverse de cette tendance, la collection « Logiques juridiques » des éditions L'Harmattan est ouverte à toutes les approches du droit. Tout en publiant aussi des ouvrages à vocation professionnelle ou pédagogique, elle se fixe avant tout pour but de contribuer à la publication et à la diffusion des recherches en droit, ainsi qu'au dialogue scientifique sur le droit. Comme son nom l'indique, elle se veut plurielle.

Dernières parutions

Francisco VELASCO CABALLERO, *Administrations publiques et droits administratifs*, 2026.
Patience KINSHIE LENYE, *La discipline et l'application du canon 1399 du Code de droit canonique face aux cas de scandales dans l'Église*, 2026.
Barthélemy TAŸ-PAMART, *Les préjudices émotionnels autonomes, Étude comparée des droits français et anglais*, 2026.
Louis KARCENTY, *Le Conseil constitutionnel, juge de l'impôt, État des lieux de 15 ans*, 2025.
Solitris LYTRAS, *La notion de sanction dans l'univers répressif européen. De sa naissance à sa consécration*, 2025.

Guy Armel Tamkam Silatchom

Droit et médiation dans l'espace OHADA

Le cadre juridique de l'Acte uniforme relatif à la médiation

Préface de Jean-Marie Tchakoua
Postface de Jean Gatsi

L'Harmattan

5-7, rue de l'École Polytechnique, 75005 Paris
http://www.editions-harmattan.fr
ISBN : 978-2-336-58595-6
EAN : 9782336585956
Dépôt légal : mars 2026

SOMMAIRE

PREFACE

Près de six ans après l'entrée en vigueur de l'Acte uniforme relatif à la médiation, beaucoup d'auteurs se sont intéressés à son étude. Chacun, à sa manière, a su apporter une touche à la compréhension dudit acte uniforme. Le Professeur **TAMKAM SILTATCHOM Guy Armel** a eu l'audace de contribuer à cet exercice dans le présent ouvrage.

Passionné des modes alternatifs de règlement des différends depuis son mémoire de Diplôme d'Etudes approfondies (DEA) et de sa thèse de doctorat, l'auteur réalise, à travers le présent ouvrage, un travail d'exégèse de l'Acte uniforme relatif à la médiation : Cet effort d'exégèse est très important, s'agissant d'un texte particulièrement court. L'Acte uniforme relatif à la médiation ne compte en effet que dix-huit articles, mais doit encadrer ce mode de règlement des différends jusqu'ici peu pratiqué dans l'espace OHADA. Sont au demeurant très nombreuses les interrogations qui se posent aux praticiens, et dont les réponses n'apparaissent qu'au terme d'une minutieuse analyse du texte.

Par des développements bien structurés, l'ouvrage rend intelligibles et accessibles les règles de la médiation. Comme tous ceux qui sont destinés à faire date, « Droit OHADA, La Médiation » est un ouvrage riche et bien fouillé. L'auteur y retrace l'évolution de la médiation dans les Etats de l'espace OHADA, définit son cadre général à travers son domaine et ses caractères, clarifie les conditions de sa mise en œuvre, plonge le lecteur dans le déroulement de l'instance, en touchant du doigt le rôle des différents acteurs, et étudie la phase post-médiation qui est l'étape cruciale du processus. Tous les efforts fournis sont en effet vains si l'accord de médiation n'est pas exécuté, de préférence de façon spontanée. Il s'agit, au fond, d'une démarche chronologique, qui permet de rendre compte de la médiation OHADA à tous ses stades et, au passage, dans tous ses états.

Dans la forme, le travail est présenté dans un style simple et agréable ce qui ne peut qu'en faciliter la lecture. Alliant la profondeur théorique à la clarté pratique, cet ouvrage du Professeur **TAMKAM SILTATCHOM Guy Armel** se distingue par la richesse de ses analyses et la pertinence des orientations qu'il propose. Véritable guide pour tous ceux qui s'intéressent à la médiation enseignants, chercheurs, étudiants, avocats, conseillers juridiques ou médiateurs, il éclaire la pratique tout en nourrissant la réflexion. Par son approche novatrice, l'auteur rend un service éminent aux concepteurs de l'espace **OHADA**, engagés dans la promotion de la médiation comme levier essentiel d'attraction des investissements et de modernisation du droit des affaires africain.

Jean-Marie TCHAKOUA
Agrégé des Facultés de droit
Professeur Titulaire des Universités
Arbitre et Médiateur

DEDICACE

A
MON EPOUSE WINNIE MANDELA

PRINCIPALES ABREVIATIONS

ADR : Alternative Dispute Résolution
A.U.M : Acte uniforme relatif à la médiation
BULL. : Bulletin
C.A : Cour d'appel
Cass. Civ. : Chambre civile de la Cour de cassation
CAMC-D : Centre d'arbitrage de médiation et de conciliation de Dakar
CAMC-O : Centre d'arbitrage de médiation et de conciliation d'Ouagadougou
CAMC : Centre d'arbitrage, de médiation et de conciliation du Bénin
CMAG : Centre de médiation et d'arbitrage du groupement GICAM
CENACOM : Centre national d'arbitrage, de conciliation et de médiation de la République démocratique du Congo
CECAM : Centre de conciliation et d'arbitrage du Mali
CAMC-CA : Centre d'arbitrage, de médiation et de conciliation de Centrafrique
CACI : Centre d'arbitrage de Côte d'Ivoire
CCJA : Cour commune de justice et d'arbitrage
CCI : Chambre de commerce international
Ch. : Chambre
CIRDI : Centre international pour le règlement des différends relatifs aux investissements
Civ. : civil
CDI : Commission du droit international
CEMAC : Communauté économique et monétaire d'Afrique centrale
CPC : Code de procédure civile
D. : Dalloz
DOCTR. : Doctrine
Ed. : Édition
Gaz. Pal. : Gazette du Palais
IDE : Investissements directs étrangers

INFO : information
JDI : Journal du droit international
LGDJ : Librairie générale de droit et de jurisprudence
MARD : Mode alternatif de règlement de différend
n° : Numéro
OAPI : Organisation Africaine de la Propriété Intellectuelle
OHADA : Organisation pour l'harmonisation en Afrique du droit des affaires
Op. cit. : opere citato
p. : page
Préc. : précité
PUAM : Presses Universitaire d'Aix Marseille
PUF : Presses universitaires de France
RIDC : Revue internationale de droit comparé
RIDE : Revue internationale de droit économique
RDAI : Revue de droit de l'arbitrage international
Rev. Cam. Arb. : Revue camerounaise de l'arbitrage
Rev. Arb. : Revue de l'arbitrage
Rev. Crit. DIP : Revue critique de droit international privé
RTD Civ. : Revue trimestrielle de droit civil
RTD Com. : Revue trimestrielle de droit commercial
s. : Suivant
t. : tome
UEMOA : Union économique et monétaire ouest africain
Vol. : Volume

INTRODUCTION GENERALE

1. Un droit OHADA de la médiation. Au lendemain de leurs indépendances, les différents États qui composent l'OHADA[1] s'étaient donné pour ambition de moderniser les législations sur les affaires dans leur espace. En effet, plusieurs raisons avaient été avancées pour justifier la création de cet espace d'intégration juridique. Outre la diversité des textes qui étaient applicables, l'insécurité juridique et judiciaire, conséquence de la vétusté et de la caducité des législations décourageait les investisseurs de s'intéresser à cet espace. C'est pour cette raison que les parties au Traité OHADA sont « *déterminées (…) à établir un courant de confiance en faveur des économies de leurs pays* »[2]. Pour bien attirer ces investissements, tout en accroissant la confiance des investisseurs, un cadre juridique et judiciaire adéquat et approprié est nécessaire.

---

[1] OHADA c'est l'Organisation pour l'Harmonisation en Afrique du Droit des Affaires. C'est une organisation internationale créée par le Traité de Port-Louis (Ile Maurice) le 17 octobre 1993, Traité modifié au Québec en 2008. Elle regroupe des Etats de l'Afrique qui ont décidé d'uniformiser leurs législations portant sur le droit des affaires. A cet effet, des Actes uniformes ont été adoptés et s'appliquent sur toute l'étendue du territoire de ces Etats. Sont membres de l'OHADA les Etats suivants : Benin, Burkina Faso, Cameroun, République centrafricaine, Comores, Congo, Côte d'Ivoire, Gabon, Guinée, Guinée Biseau, Guinée Equatoriale, Mali, Sénégal, Tchad, Togo et la République démocratique du Congo. Sur le rôle de l'OHADA, lire J. ISSA SAYEGH et J. LOHOUES-OBLE, *OHADA, Harmonisation du droit des affaires*, Bruylant, 2002 ; J. ISSA SAYEGH, L'OHADA, instrument d'intégration juridique des pays africains de la zone franc, *RJ com.*, 1999, p. 237 ; G. DE LAFOND, « Le traité relatif à l'harmonisation du droit des affaires en Afrique », *Gazette du palais*, 1995, p. 2 ; A. CISSE, « L'harmonisation du droit des affaires en Afrique : l'expérience de l'OHADA à l'épreuve de sa première décennie », *RIDE.*, 2004, 2, p. 197 ; M. KIRSH, « Historique de l'Organisation pour l'Harmonisation du droit des Affaires en Afrique (OHADA) », *Penant* n° 827 spécial OHADA, 1998, pp. 130 et s.

[2] Préambule du Traité OHADA.

Il faut mettre à la disposition des investisseurs un droit simple, moderne et cohérent[3]. Il faut surtout définir un cadre judiciaire dans lequel ce droit doit être appliqué à l'abri de toute corruption[4] et emprise étatique en cas de différend[5]. C'est dans ce sillage que les promoteurs de l'OHADA ont placé un très grand espoir en l'arbitrage comme principal mode alternatif de règlement des différends. A cet effet, ils sont « *désireux de promouvoir l'arbitrage comme instrument de règlement des différends contractuels* »[6]. C'est donc « (…) *suite à l'insécurité judiciaire observée dans les Etats de l'OHADA et que les reformes judiciaires devaient prendre du temps, que les Etats ont vu dans l'arbitrage une des garanties juridiques susceptibles de sécuriser les investissements et d'inciter, ce faisant, les investisseurs à s'intéresser à l'espace OHADA* »[7].

2. Le législateur semblait, à l'origine, réduire les modes alternatifs de règlement des différends (MARD) dans son système juridique à la seule procédure d'arbitrage. Une telle restriction a rapidement suscité des interrogations, dans la mesure où les MARD se distinguent précisément par leur pluralité et leur souplesse. Dans cette

---

[3] P. MEYER, « La sécurité juridique et judiciaire dans l'espace OHADA », *Penant*, 2006, pp. 153.

[4] Lire THORSTEN VOGL, « La lutte contre la corruption : condition essentielle pour la réussite de l'OHADA », *Penant* 2009, n° 867, pp. 206-214. : V.P. MONTIGNY, « La corruption : un frein aux investissements », Communication Conférence sur la lutte contre la corruption au sein de l'espace OHADA, Basel Institute on Governance, 29 février 2008.

[5] C. NEGRE, « L'insécurité judiciaire : un obstacle à l'efficacité du droit OHADA », *RDAI*, 2008, p. 757. Sur la problématique de l'IDE en Afrique subsaharienne d'un point de vue économique, voir J. DJAOWE, « Investissements Directs Etrangers (IDE) et gouvernance : les pays de la CEMAC sont-ils attractifs ? », *Rev. Africaine de l'intégration*, vol. 3, n° 1, 2009, pp. 1-33.

[6] Voir Préambule du Traité OHADA.

[7] G. KENFACK DOUAJNI, Rapport de synthèse, Rev. *cam. arb.* Numéro spécial (2), 2010, p. 210.

perspective, et fidèle à sa mission de promotion de la justice alternative au sein de son espace juridique, l'OHADA a adopté, le 23 novembre 2017, un Acte uniforme relatif à la médiation. Jusqu'alors, ce mécanisme n'était évoqué que de manière marginale dans le dispositif institutionnel de l'Organisation. Il aura ainsi fallu attendre vingt-quatre ans après la signature du Traité de l'OHADA pour que la médiation fasse l'objet d'une véritable réglementation.

Par cette réforme, le législateur a diversifié son offre de justice. Désormais, avec un Acte uniforme entièrement consacré à la médiation, l'OHADA franchit une étape importante dans la modernisation de son arsenal juridique et dans l'harmonisation des législations de ses États membres. En tant que forme de justice équitable et consensuelle, la médiation contribue à assainir le contentieux, en l'éloignant des rigidités du juridisme et du formalisme excessif.

I- La notion de médiation

3. Du latin *mediare* qui signifie « entremise, être au milieu de, s'interposer », la médiation, selon son sens ordinaire, désigne l'action de servir d'intermédiaire entre deux êtres ou deux termes. Sur le plan philosophique, chez HEGEL, la médiation correspond au moment dialectique où la prise en compte des contraires, selon l'art du dialogue, permet d'aboutir à une synthèse, constituant un progrès[8].

4. D'un côté comme de l'autre, la médiation intervient lorsqu'il y a des divergences et qu'il faut arriver à une solution médiane. C'est donc une manière d'intervenir dans une situation difficile entre des

[8] A. CECILE et J.P. BOUTIER, *La médiation*, L'ABC de la VAE. ERES, 2009, pp. 163-164.

personnes[9]. D'entrée de jeu, l'Acte uniforme relatif à la médiation (AUM) précise ce qu'il entend par médiation. « *Le terme désigne tout processus, quelle que soit son appellation, dans lequel les parties demandent à un tiers de les aider à parvenir à un règlement amiable d'un litige, d'un rapport conflictuel ou d'un désaccord (ci-après le « différend ») découlant d'un rapport juridique, contractuel ou autre ou lié à un tel rapport, impliquant des personnes physiques ou morales, y compris des entités publiques ou des Etats* »[10]. Cette définition, qui se rapproche de celle retenue par le législateur français[11], adopte une conception large de la médiation. C'est ce qui fait qu'il est important de la distinguer des autres MARD. En effet, « *La multiplication en toute matière de modes de règlement de litiges plus ou moins proches dans les formes (…) a créé de délicats problèmes de frontière entre ces diverses catégories assorties chacune d'un régime juridique propre* »[12].

5. L'expérience montre bien que les parties ne sont pas très souvent assistées de spécialistes pour la rédaction de leur convention de règlement de différends et c'est ainsi qu'on observe une prolifération de clauses pathologiques[13] dans ce domaine, laissant ainsi le soin à l'interprète de déterminer quelle voie de règlement de différends a été choisie par elles (arbitrage, médiation, conciliation,

---

[9] Voir J.-M. LANGE, *Une introduction à la médiation*, Liège, Éd. du CEFAL, 2003, p. 90.

[10] Art. 1er de l'AUM.

[11] Loi n° 95-125 du 8 février 1995. Ce texte définit la médiation à l'article 21 comme « *tout processus structuré, quelle qu'en soit la dénomination, par lequel deux ou plusieurs parties tentent de parvenir à un accord en vue de la résolution amiable de leur différend, avec l'aide d'un tiers, le médiateur, choisi par elles ou désigné, avec leur accord, par le juge saisi du litige* »

[12] B. OPPETIT, « Arbitrage, médiation, conciliation », *Rev. arb.*, 1984, p. 307, n° 1.

[13] On peut assister à des situations un peu confuses dans lesquelles les parties n'ont pas clairement choisies le mode de règlement de leur litige et une mauvaise interprétation de leur consentement fait que la médiation est confondue avec des modes de règlement de différend voisins tels l'arbitrage, la conciliation, l'expertise, la transaction, etc.

mandataire commun, expertise, etc.). La détermination du mode de règlement de différend est à cet égard essentielle : elle permettra de déterminer le régime juridique applicable à la procédure.

Or, le rapprochement du régime juridique de la médiation et des notions voisines[14] peut égarer l'interprète. Celui-ci peut mal apprécier la portée réelle du consentement des parties, ce qui peut être dangereux pour la préservation de l'identité propre de la médiation. Suite à une mauvaise interprétation, on peut appliquer les règles de la médiation ou de la conciliation à l'arbitrage ou inversement. Il ne s'agit pas d'une construction théorique ou d'une hypothèse d'école. La situation bien que rare, est vérifiable dans la pratique. C'est le cas de la Charte de l'Association d'Animation et de Promotion du Commerce à Nice dont l'article 13 intitulé « Clause compromissoire » est un peu ambigu. Cet article dispose que : « *En cas de litige les parties s'engagent, avant toute procédure, à soumettre leur(s) différend(s) à un ou deux arbitre(s) de leur choix qui devront proposer une solution dans un délai d'un mois à compter de leur saisine* ». À bien comprendre cette disposition, une procédure judiciaire est subordonnée à la recherche préalable d'une « solution proposée » par un tiers. Il s'agit donc, en réalité, d'une procédure de conciliation ou de médiation, et non d'un recours à l'arbitrage, lequel impliquerait, d'une part, la renonciation définitive à une procédure judiciaire et, d'autre part, le prononcé d'une sentence imposant une solution au litige. C'est donc à tort que les parties utilisent le terme « arbitre » dans leur clause. Il y a, de ce fait, un intérêt certain à distinguer la médiation des autres MARD.

6. Médiation et arbitrage. Sur le plan fonctionnel, le tiers chargé de trancher le litige qui oppose les parties dans l'arbitrage est similaire à un juge. Il rend une décision

---

[14] Sur la question, voir Ch. JARROSSON, « Les frontières de l'arbitrage », *Rev. arb.* n° 1, 2001, p. 11 et s.

qui fait grief, qui a autorité de la chose jugée et qui pourra aisément donner lieu à une exécution forcée, au terme d'une procédure dont le caractère juridictionnel doit être jalousement rappelé et rigoureusement respecté[15].

En revanche, dans la médiation, le tiers n'est pas chargé de trancher : il s'agit d'un médiateur dont la mission consiste à rapprocher les parties et à leur proposer une solution à leur litige. Ce tiers n'a pas le pouvoir de rendre une décision faisant grief ; la solution dépend, *in fine*, de la volonté des parties[16].

Deux idées ressortent donc de cette distinction : la médiation est un mode amiable de règlement des différends, dans la mesure où les parties sont elles-mêmes à l'origine de la solution à leur litige, tandis que l'arbitrage constitue un mode juridictionnel de règlement des différends.

7. Médiation et conciliation. La médiation et la conciliation sont deux modes amiables de règlement des différends. Leur distinction a souvent posé des problèmes. La confusion terminologique est même considérée comme un véritable frein à leur développement[17]. Pour quelques auteurs, la différenciation subtile et byzantine entre ces modes ne représente pas un grand intérêt[18].

Dans les deux formes de règlement amiable, le tiers n'a pas le pouvoir de rendre une décision faisant grief. Cependant, une distinction est nécessaire, car il s'agit bien de deux modes amiables de règlement des différends dans la pratique. C'est la mission du tiers qui fonde la distinction

---

15 D. VIDAL, « Droit français de l'arbitrage interne et international », *Lextenso*, 2012, p. 15.

16 J. Ph. TRICOIT, « Chronique de droit des modes amiables de règlement des conflits », *Rev. arb.* 2011, p. 207.

17 F. VERT «La confusion terminologique entre médiation et conciliation : un frein à leur développement », *Gazette du Palais* - 31/01/2015 - n° 031, p. 8

18L. CADIET, *RJA* n° 12, ENM.

entre la médiation et la conciliation. Le conciliateur se borne à faciliter chez les parties une meilleure connaissance et une appréciation plus sérieuse de leur position respective, tandis que le médiateur serait plus actif et plus directif[19]. Ainsi, le médiateur a un plus grand rôle à jouer. Selon B. Oppetit, « *le médiateur aura pour mission d'aider les parties à parvenir à un accord ; il s'efforce de clarifier leurs points de vue respectifs et de les rapprocher pour qu'elles puissent elles-mêmes parvenir à une solution de compromis. Le conciliateur, après avoir rencontré séparément ou ensemble les parties, propose lui-même à ces dernières un accord transactionnel susceptible de constituer une juste issue au différend qui les oppose* »[20].

Pour Gérard Cornu et Jacques Foyer, la conciliation et la médiation correspondent toutes deux à une recherche d'entente entre les parties en vue d'une transaction. La médiation a pour finalité une recherche de conciliation, mais elle confère au médiateur un rôle plus important. Dans la perspective d'un accord, le médiateur « *s'avance davantage jusqu'à échafauder une solution* »[21]. Pour Loïc Cadiet, « *le médiateur ne se contente pas de rapprocher les parties, mais va jusqu'à leur proposer un projet de solution, sans pouvoir cependant le leur imposer à défaut d'être investi d'une mission juridictionnelle* »[22]. Et enfin pour TOUZARSD, « *le conciliateur se contente de faciliter les relations et les communications entre les parties. La médiation définit un rôle qui englobe le précédent mais ajoute une part plus active prise par le médiateur ; il peut intervenir dans la discussion, faire des suggestions et des propositions ou même formuler*

---

[19] P. LEVEL, À propos de la médiation dans la vie des affaires, J.C.P. 1989. II. 15615 ; Ch. JARROSSON, La notion d'arbitrage, thèse L.G.D.J. 1987, p. 177, no 348 ; Ch. JARROSON, Les modes alternatifs de règlement des conflits : présentation générale, préc., p. 330, no 16. En ce sens, J. Joly-Hurard, Médiation et conciliation, préc., n° 178 ; B. OPPETIT, Arbitrage, médiation, conciliation, *op. cit.*, p. 308

[20] B. OPPETIT, « Arbitrage, médiation, conciliation », *op . cit.*, p. 308.

[21] Procédure civile, Thémis, 3e éd., 1996, p. 55.

[22]Droit judiciaire privé, Litec, 2e éd., 1998, n0395.

des recommandations en vue d'un accord. Mais dans la pratique la différence est faible »[23].

8. **Médiation et transaction.** La transaction est un mode amiable de règlement des différends qui a pour objet « de terminer ou prévenir, au moyen de concessions réciproques, une contestation née ou à naître »[24]. Alors que l'acte qui sanctionne la médiation est un accord de médiation, l'acte qui sanctionne la transaction est un contrat[25] ayant autorité de la chose transigée entre les parties[26]. Cependant, leurs régimes juridiques sont quasi identiques. La différence avec la médiation tient au fait que, dans la transaction, il n'existe pas de tiers neutre : ce sont les parties, très généralement par l'intermédiaire de leurs avocats, qui négocient afin de parvenir à un accord par le moyen des concessions réciproques.

9. **Médiation et négociation**. La médiation se distingue clairement de la négociation. La négociation a simplement pour objet, en l'absence de litige, de prévoir, et au besoin d'organiser, un processus de négociation, le plus souvent en vue de parvenir à une modification du contrat initialement conclu. On la retrouve très fréquemment dans le domaine de l'imprévision[27]. Elle se distingue de la médiation, qui tend à la résolution d'un litige, lequel, au demeurant, peut apparaître à l'occasion de la renégociation si celle-ci n'aboutit pas[28].

---

23 M. TOUZARSD, *La médiation et la résolution des conflits*, P.U.F., p. 154.

24 Ch. JAROSSON « Les concessions réciproques dans la transaction », *D.* 1997, Chr. 267 ; « La transaction dans les relations commerciales internationales », *Rev. crit.* DIP 1997, p. 757.

25 Art. 2044 du Code civil applicable au Cameroun.

26 Art. 2052 du Code civil applicable au Cameroun. Sur la question, lire G. DEHARO, « L'autorité de la chose transigée en matière civile », *Gazette du palais*, déc. 2005, p. 2.

27 H. BOUTHINON-DUMAS, « Les contrats relationnels et la théorie de l'imprévision », RIDE, 2001, n° 3 p. 339 et s.

28 S. GUINCHARD et *alii*, *Droit processuel. Droits fondamentaux du procès*, Paris, Dalloz, 8ème éd., 2015, p. 1308.

10. Médiation et expertise. L'expertise désigne une intervention purement technique dans laquelle le juge, l'arbitre ou les parties demandent à l'expert de les éclairer sur une situation donnée. Le rapport de l'expert peut favoriser le règlement amiable du différend entre les parties ou éclairer les arbitres ou les juges, si le différend n'a pu être résolu par voie amiable[29]. L'expert ne tire pas les conséquences juridiques de son rapport. Toutefois, il peut arriver que les parties lui confient cette mission d'ordre juridique. Si les parties ont voulu que l'expert soit investi d'une mission juridictionnelle et que sa décision leur soit opposable, l'expertise se rapproche davantage de l'arbitrage que de la médiation. En revanche, si la mission de l'expert n'était pas de départager les parties mais plutôt de les informer, ce qui peut, dans certains cas, contribuer à un règlement amiable, l'expert aura en principe rempli les fonctions d'un médiateur[30].

11. La médiation est qualifiée de mode alternatif à la justice pour plusieurs raisons. Premièrement, elle se présente comme alternative à la justice étatique dans la mesure où l'administration du service public de la justice relève normalement du pouvoir régalien de l'État. Deuxièmement, les parties ou les centres de médiation peuvent prévoir des alternatives à la médiation, telles que la justice étatique, l'arbitrage ou la conciliation.

Il peut, par exemple, arriver que les parties aient érigé la médiation en préalable, dont l'échec déclenchera soit une procédure d'arbitrage, soit le recours au juge étatique. Très souvent, cette situation est imposée aux parties par le règlement de l'institution dont elles sollicitent le service ou par un accord portant sur les investissements.

---

29 P. MEYER, OHADA, *Droit de l'arbitrage*, Bruylant Bruxelles, 2002, p. 13.
30 *Idem*, p. 15.

II- L'enracinement de la médiation dans les traditions des Etats de l'espace OHADA

12. Dans les États occidentaux, il semble que la médiation se soit développée, tout comme l'arbitrage, en opposition ou par défiance à l'égard des juridictions étatiques, trop lentes, trop dogmatiques ou inflexibles, trop procédurières et, finalement, incapables de satisfaire les citoyens.

Or, le paradigme de la justice négro-africaine, dont font partie les différents États membres de l'OHADA, consiste à faire de la justice un outil de paix sociale, c'est-à-dire un instrument de résolution des conflits par la restauration de l'harmonie[31].

C'est ainsi que la « palabre » constituait le cadre privilégié de règlement des conflits. L'idée était qu'il fallait apaiser les esprits pour permettre un nécessaire retour de la concorde.

C'est dans ce cadre que la médiation trouvait son terrain de prédilection[32]. L'autorité chargée de dénouer la situation qui divisait les parties était un médiateur. Elle ne décidait jamais seule, car elle était astreinte à une obligation de concertation.

Le but de la médiation est de rétablir le dialogue entre les parties et de les amener à définir ensemble, de manière consensuelle, une solution à leur différend[33]. « *Un mauvais arrangement vaut mieux qu'un bon procès* », a-t-on l'habitude de dire.

---

[31] F. KINE CAMARA, *Pouvoir et justice dans la tradition des peuples noirs, philosophie et pratique*, Harmattan, Paris, 2004.

[32] F. KINE CAMARA et A. CISSE « Arbitrage et médiation dans les cultures juridiques négro-africaines : entre la prédisposition à dénouer et la mission de trancher », Rev. arb. 2009, n° 2, p. 285 et s. ; A. DIENG « Approche culturelle des ADR en OHADA », Journal africain du droit des affaires, 2011, n° 1, p. 25 et s.

[33] *Ibid.*

13. Ce choix en faveur des modes amiables de règlement des différends était également perceptible dans le droit musulman des États de l'espace OHADA. Ce droit énonçait des règles prévoyant les modes de résolution des conflits issus de la *sunna*, du Prophète et du Coran. On y retrouvait l'arbitrage : « *Tahkim* », la conciliation : « Sohl » et la médiation : « *Wassata* ». Tous ces modes de règlement des différends ont pour finalité la sauvegarde de la solidarité et de l'harmonie sociale au sein du groupe[34].

14. Avant l'Acte uniforme OHADA relatif à la médiation, certains États de l'espace OHADA s'étaient efforcés de légiférer sur cette matière.

C'est le cas du Burkina Faso, à travers la Loi n° 0052-2012/AN du 17 décembre 2012 portant médiation en matière civile et commerciale, et de la Côte d'Ivoire, avec la Loi du 20 juin 2014 relative à la médiation dans le cadre du Programme d'appui au commerce et à l'intégration régionale (PACIR), financé par l'Union européenne.

15. L'idée du règlement amiable des différends est également perceptible dans les autres Actes uniformes de l'OHADA. Il en est ainsi de l'Acte uniforme portant droit commercial général, dont l'article 21 prévoit la médiation et la conciliation comme causes de suspension de la prescription[35]. C'est le cas également de l'Acte uniforme

---

[34] N. AKA, A. FENEON et J-M. TCHAKOUA, *Le nouveau droit de l'arbitrage et de la médiation en Afrique (OHADA)*, LGDJ., 2018, p. 277.

[35] Selon cet article, La prescription ne court pas ou est suspendue à l'égard de celui qui est dans l'impossibilité d'agir par suite d'un empêchement résultant de la loi, de la convention ou de la force majeure. Elle est suspendue à compter du jour où, après la survenance d'un litige, les parties conviennent de recourir à la médiation ou à la conciliation ou, à défaut d'accord écrit, à compter du jour de la première réunion de médiation ou de conciliation. Le délai de prescription recommence à courir, pour une durée qui ne peut être inférieure à six mois, à compter de la date à laquelle soit l'une des parties ou les deux, soit le médiateur ou le conciliateur déclarent que la médiation ou la conciliation est terminée.

portant organisation des procédures simplifiées de recouvrement et des voies d'exécution dont certaines dispositions font référence à la conciliation : la tentative de conciliation en matière de saisie-rémunération[36] et d'injonction de payer[37]. Plus récemment, à la faveur de la révision de l'Acte uniforme portant organisation des procédures collectives d'apurement du passif en 2015 et en ce qui concerne la prévention et le traitement des difficultés des entreprises, le législateur a introduit la procédure de conciliation[38].

16. Bien que ces procédures concernent directement la conciliation, elles favorisent le développement de la médiation. On comprend ainsi pourquoi, malgré l'absence d'un Acte uniforme OHADA portant sur la médiation, ce mode de règlement des différends s'est développé dans l'espace OHADA. Plusieurs centres proposent des services de médiation. On peut citer sans prétention d'exhaustivité :

---

36 L'article 174 de ce texte dispose que : « La saisie des sommes dues à titre de rémunération, quel qu'en soit le montant, à toutes les personnes salariées ou travaillant, à quelque titre ou en quelque lieu que ce soit, pour un ou plusieurs employeurs, ne peut être pratiquée qu'après une tentative de conciliation devant la juridiction compétente du domicile du débiteur ».

37 L'article 12 de ce texte dispose que : « La juridiction saisie sur opposition procède à une tentative de conciliation. Si celle-ci aboutit, le Président dresse un procès-verbal de conciliation signé par les parties, dont une expédition est revêtue de la formule exécutoire ».

38 L'article 2 alinéa 1er de ce texte dispose que : « La conciliation est une procédure préventive, consensuelle et confidentielle, destinée à éviter la cessation des paiements de l'entreprise débitrice afin d'effectuer, en tout ou en partie, sa restructuration financière ou opérationnelle pour la sauvegarder. Cette restructuration s'effectue par le biais de la conclusion d'un accord de conciliation négocié entre le débiteur et ses créanciers ou, au moins ses principaux créanciers grâce à l'appui d'un tiers neutre, impartial et indépendant dit conciliateur ».

- le Centre d'arbitrage de médiation et de conciliation de Dakar (CAMC-D),
- le Centre d'arbitrage de médiation et de conciliation d'Ouagadougou (CAMC-O),
- le Centre d'arbitrage, de médiation et de conciliation du Bénin (CAMC) ;
- le Centre de médiation et d'arbitrage du groupement GICAM (CMAG) ;
- le Centre national d'arbitrage, de conciliation et de médiation de la République démocratique du Congo (CENACOM) ;
- Centre de conciliation et d'arbitrage du Mali (CECAM) ;
- Le Centre d'arbitrage, de médiation et de conciliation de Centrafrique (CAMC-CA) ;
- Le Centre d'arbitrage de Côte d'Ivoire (CACI).

17. C'est avec la création de ces institutions permanentes que s'est développée la médiation conventionnelle dans les États parties de l'OHADA. Cependant, malgré ces atouts, la médiation rencontre encore aujourd'hui des difficultés à véritablement décoller. Cela peut s'expliquer d'abord par la méconnaissance des procédures de médiation institutionnelle ; ensuite, par l'absence d'encadrement par les lois étatiques ; et enfin, par les difficultés liées à l'exécution des accords de médiation.

De grands espoirs sont donc placés dans le nouvel Acte uniforme, dont on espère qu'il contribuera à faire de la médiation une véritable justice alternative dans les États de l'espace OHADA. Cela constituera certainement un pas décisif vers la réalisation des objectifs de l'OHADA.

III- Les intérêts de la médiation

18. La médiation offre de nombreux avantages si on la compare aux deux offres de justice qui existaient jusqu'ici dans le droit OHADA, à savoir la justice étatique et l'arbitrage. Comparée à la justice étatique, la médiation offre des garanties de célérité, de confidentialité, de coût, et elle constitue surtout une procédure amiable.

La confidentialité. La médiation, à l'image de l'arbitrage, est plus discrète que les procédures judiciaires. Les parties peuvent s'engager à respecter la confidentialité de tout ce qui est dit, écrit ou produit dans la procédure de médiation. Le médiateur est également tenu au devoir de confidentialité, lequel est complété par le secret professionnel qu'il doit respecter.

La célérité. La médiation est généralement plus rapide que l'arbitrage et la procédure judiciaire, dans la mesure où ce sont les parties qui sont à l'initiative de la solution à leur litige. Les parties restent maîtres du processus, tant sur le fond de l'accord que sur le temps qu'elles consacrent à celui-ci. La médiation est également épargnée du formalisme procédural de l'arbitrage et des procédures judiciaires. Ce sont les parties qui, de concert avec le médiateur, définissent le rythme des rencontres et l'échéance de la médiation. On peut ainsi observer une médiation se dérouler en quelques semaines, voire en quelques jours.

Le coût. La rapidité de la procédure de médiation a certainement une incidence favorable sur le coût de la procédure, tels que les frais et honoraires des avocats, ainsi que sur les coûts difficilement mesurables, mais bien réels et considérables, que représentent les services rendus par le centre de médiation. Plus globalement, une médiation est plus économique que le recours aux tribunaux, notamment parce qu'elle permet d'épargner les coûts liés à la rédaction des actes de procédure, à leur signification, ainsi qu'à plusieurs autres frais inhérents à la résolution judiciaire d'un litige.

Le caractère amiable. C'est l'avantage le plus important de la médiation. Ici, ce sont les parties qui négocient la solution à leur litige, la procédure est participative et les parties privilégient le retour de la concorde afin de préserver leur relation future. La médiation réalise ainsi un précieux tissage de liens[39] et contribue, comme l'a souligné Michèle Guillaume-Hofnung, « *à l'établissement* », *au* « *rétablissement du lien social* »[40]. *En effet,* « *Dans cette crise devenue globale et permanente que nous traversons, l'esprit de la médiation permet de cultiver un* « *art du lien* ». *Il ouvre un espace relationnel d'écoute, de dialogue, qui résiste à l'individualisme et à la violence contemporaine (…) L'esprit de la médiation apparaît en définitive métajuridique. Il n'est pas seulement paix, clarification, dialogue et reliance. Il est aussi vecteur de conscience et de transformation, traduisant le passage d'une culture de la conflictualité à une culture de la coopération, des enjeux de forme aux enjeux de sens, d'une société de biens à une société de liens* »[41].

IV- Le problème des sources du droit OHADA de la médiation

19. Le problème des sources de la médiation OHADA se posera certainement dans la pratique. L'Acte uniforme relatif à la médiation est le moins prolixe de tous les Actes uniformes avec seulement 17 articles. Certaines questions pouvant se poser dans la pratique n'ont pas été réglées[42].

Or, la médiation OHADA peut bien avoir la forme *ad hoc*. Pour la médiation institutionnelle, l'OHADA semble vouloir s'appuyer sur les Règlements de médiation des institutions de médiation pour compléter son Acte Uniforme. Les parties doivent, chaque fois qu'elles sollicitent une médiation *ad hoc*, choisir un règlement de

---

39 Sur la médiation « création ou re-création de liens », voir J.-F. SIX, et V. MUSSAUD, *Médiation*, Seuil, 2002, p. 92.

40 M. GUILLAUME-HOFNUNG, *La médiation*, PUF, 2012, 6è éd., p. 70.

41 N. DION « L'esprit de la médiation », *Gazette du palais*, 2013, n° 358.

42 On peut par exemple penser aux règles relatives à la demande de médiation (pièces à fournir…).

médiation approprié. Ainsi, si la source principale de la médiation dans l'espace OHADA est l'Acte uniforme relatif à la médiation, les règlements de médiation des institutions de médiation demeurent également des sources importantes. On peut ainsi citer, sans prétention d'exhaustivité, les règlements des institutions de médiation citées dans le présent ouvrage.

V- Les figures de la médiation OHADA.

20. Médiation *ad hoc* et médiation institutionnelle

Comme en matière d'arbitrage, la médiation OHADA peut être *ad hoc* ou institutionnelle[43].

La médiation institutionnelle est une médiation administrée par une institution offrant des services de médiation. L'institution en question n'est pas le médiateur : sa fonction consiste à administrer la procédure et à fournir des infrastructures (salle, logistique nécessaire, etc.) ainsi que des moyens humains (secrétaire, et, le cas échéant, le médiateur) pour le bon déroulement de la procédure.

Dans la médiation *ad hoc*, la procédure se déroule en dehors de toute institution de médiation. Elle met en présence uniquement les parties et le médiateur.

21. Médiation conventionnelle et médiation sur invitation. Le législateur OHADA distingue les différents types de médiation en fonction de l'auteur de l'initiative. Ainsi, lorsque l'initiative de la médiation provient des parties, la médiation est conventionnelle.

Cette initiative peut résulter d'une clause de médiation ou de la volonté de l'une des parties après la survenance du litige, à condition que l'autre partie y consente.

En revanche, dans la médiation sur invitation, les auteurs de l'initiative sont au nombre de trois. Il peut s'agir

---

[43] Art. 1 de l'AUM.

d'une juridiction étatique (médiation judiciaire), d'un tribunal arbitral ou d'une entité publique.

22. En ce qui concerne la médiation judiciaire, le juge peut, en cours d'instance, proposer aux parties la désignation d'un médiateur pour tenter de les rapprocher hors du tribunal pour qu'elles puissent trouver une solution à leur litige. Bien que le législateur OHADA ne le mentionne pas, une médiation judiciaire peut également avoir lieu lorsque, en cours d'instance, le juge accepte, à la demande des parties, la désignation d'un médiateur[44].

23. En ce qui concerne la médiation à l'initiative de l'arbitre, ce dernier saisi peut, au début ou en cours d'instance arbitrale, proposer aux parties, ou accepter à leur demande, la désignation d'un médiateur chargé de les aider à trouver une solution à leur litige.

24. En ce qui concerne la médiation par les entités publiques compétentes, il s'agit des administrations publiques et des entreprises publiques ayant reçu la compétence d'offrir des services de médiation pour les litiges impliquant leurs organes.

VI- Le champ d'application de la médiation OHADA.

25. Du point de vue matériel, l'AUM s'applique d'abord à toute médiation. Par médiation, il désigne « *tout processus, quelle que soit son appellation, dans lequel les parties demandent à un tiers de les aider à parvenir à un règlement amiable d'un litige, d'un rapport conflictuel ou d'un désaccord (ci-après le « différend ») découlant d'un rapport juridique, contractuel ou autre ou lié à un tel rapport, impliquant des personnes physiques ou morales, y compris des entités publiques ou des Etats* ».

Toutefois, il ne s'applique pas aux cas dans lesquels un juge ou un arbitre, pendant une instance judiciaire ou

[44] Voir dans ce sens les articles 131-1 à 131-15 du Nouveau Code de procédure civile français.

arbitrale, tente de faciliter un règlement amiable directement avec les parties[45].

En visant « tout processus », l'Acte uniforme n'a pas limité son champ d'application à la seule médiation commerciale, de sorte qu'il a également vocation à s'appliquer à la médiation civile.

Du point de vue temporel, l'AUM n'est applicable qu'aux procédures de médiation commencées après son entrée en vigueur[46]. Les procédures de médiation initiées avant cette date et qui ne se sont pas achevées sont donc exclues.

Du point de vue spatial, l'AUM tenant lieu de loi relative à la médiation dans les États parties de l'OHADA[47], a pour champ territorial l'ensemble des États de cet espace d'intégration juridique.

Une difficulté demeure : à partir de quel critère devrait-on définir ce champ d'application ? Contrairement à l'arbitrage, pour lequel le critère du siège a été retenu pour définir le champ d'application de l'Acte uniforme relatif au droit de l'arbitrage[48], le législateur est resté muet sur la question dans le cadre de la médiation.

VII- Plan de l'ouvrage

26. Cet ouvrage a pour ambition d'offrir aux lecteurs un accès structuré, rigoureux et didactique à la discipline et à la pratique de la médiation, telle qu'organisée dans

---

45Art. 2 de l'AUM.

46Art. 17 de l'AUM.

47Art. 17 de l'AUM.

48 L'Acte uniforme OHADA relatif à au droit de l'arbitrage définit son champ d'application par rapport au critère du siège du tribunal arbitral. L'article 1 dispose que « *le présent Acte uniforme a vocation à s'appliquer à tout arbitrage lorsque le siège du tribunal arbitral se trouve dans l'un des Etats parties* ». Sur la question, lire J. M. TCHAKOUA, « L'espace dans le système d'arbitrage de la Cours commune de justice et d'arbitrage », *in Recueil d'études sur l'OHADA et l'UEMOA*, PUAM, 2010, p.483 et s.

l'espace OHADA. La médiation, désormais consacrée comme un mode privilégié de règlement amiable des différends, ne peut véritablement produire ses effets que si les acteurs appelés à la mettre en œuvre disposent d'une connaissance approfondie et maîtrisée des règles juridiques qui l'encadrent. C'est dans cette perspective que le présent ouvrage se propose de rendre intelligible le droit de la médiation OHADA, en mettant en lumière ses fondements, sa logique interne et ses mécanismes essentiels, afin d'en faciliter l'accessibilité et d'en favoriser une application effective.

Ainsi, afin de mieux cerner la médiation telle qu'instituée par l'Acte uniforme, l'étude s'articule autour de quatre axes fondamentaux, qui permettent de comprendre le cadre général, d'appréhender la mise en œuvre et de clarifier les zones d'ombre de l'instance et de la phase post-médiation.

Titre I : Le cadre général de la médiation
Titre II : La mise en œuvre de la médiation
Titre III : L'instance de médiation
Titre IV : La phase post-médiation.

TITRE I
LE CADRE GENERAL DE LA MEDIATION

27. Le cadre général renvoie à ce qui peut permettre d'identifier la médiation OHADA. Il s'agit des éléments qui définissent, plus ou moins, les spécificités de la médiation OHADA.

Plus concrètement, il s'agit de ce qui a trait à son domaine (**Chapitre I**) et à ses caractères (**Chapitre II**).

CHAPITRE I
LE DOMAINE DE LA MEDIATION

28. Il est important, pour toute personne souhaitant voir son litige tranché par voie de médiation, de vérifier au préalable si ledit litige est susceptible d'être réglé par cette voie. Ce problème se pose à un double niveau. d'abord, la matière sur laquelle porte l'affaire ; ensuite, l'aptitude de la personne à être partie à la médiation.

La question s'est posée en arbitrage en termes d'« arbitrabilité »[49] et l'on distingue à cet égard l'arbitrabilité objective et l'arbitrabilité subjective. La médiation n'échappe pas à cette préoccupation, qui constitue un préalable à résoudre dans le domaine des modes alternatifs de règlement des différends.

Il s'agit alors d'envisager le domaine matériel (**Section I**) et le domaine personnel (**Section II**) de la médiation OHADA.

Section I : Le domaine matériel

29. Le domaine matériel de la médiation renvoie concrètement à la question de savoir si tel litige peut être soumis à la médiation. Pour y répondre, le législateur OHADA a bien défini les caractères du différend à soumettre à la médiation (**Paragraphe 1**) et a précisé son contenu (**Paragraphe 2**).

Paragraphe 1 : Les caractères du différend

30. Le différend doit présenter un triple caractère : il doit être conflictuel (A), juridique (B) et actuel (C).

---

[49] Sur la question, lire J. M. TCHAKOUA, « L'arbitrabilité des différends dans l'espace OHADA », *Penant,* 2000, pp. 5-29 ; R. NEMEDEU, « La recherche du critère d'arbitrabilité des litiges concernant les personnes morales de droit public en droit OHADA », *in Recueil d'études sur l'OHADA et l'UEMOA*, PUAM, 2010, p. 505 et s.

A- Le caractère conflictuel

31. Pour délimiter le champ d'application de la médiation, le législateur OHADA indique que l'affaire doit découler « *d'un litige, d'un rapport conflictuel ou d'un désaccord (ci-après le « différend ») découlant d'un rapport juridique, contractuel ou autre ou lié à un tel rapport* »[50].

Par cette formulation, le législateur OHADA entend montrer que, bien que la médiation soit un mode amiable de règlement de différend, elle constitue une instance contentieuse et non gracieuse[51]. Il doit donc y avoir opposition d'intérêts entre les parties sollicitant la médiation. Or, une opposition d'intérêts n'est pas une situation statique, mais un processus évolutif et dynamique. C'est ce qui justifie la variété des différends visés par l'Acte uniforme.

32. Le différend est une contestation entre deux ou plusieurs personnes résultant d'une divergence d'avis ou d'intérêts[52]. Il se rapproche du conflit, qui peut être défini comme l'opposition de vues ou d'intérêts, une mésentente ou une situation critique de désaccord susceptible de dégénérer en litige[53]. Le législateur OHADA désigne par le terme « différend », le litige, le conflit et le désaccord, comme si le différend constituait l'enveloppe qui les contenait. Au fond, y a-t-il une différence entre le différend, le litige, le conflit et le désaccord ?

33. Le problème n'est pas propre au droit OHADA de la médiation. Il s'est posé en ces mêmes termes dans la

---

50 Art. 1er al. (a) de l'AUM.

51 Sur la distinction entre la juridiction contentieuse et la juridiction gracieuse, lire P. ARABEYRE Patrick. *La dette et le juge. Juridiction gracieuse et juridiction contentieuse du XIIIe au XVe siècle (France, Italie, Espagne, Angleterre, Empire).* Sous la direction de Julie Claustre. In: Bibliothèque de l'école des chartes. 2009, tome 167, livraison 2. pp. 610-611;

52 G. CORNU, *Vocabulaire juridique*, 14è éd. PUF, 2022.

53 *Idem.*

procédure civile en général[54]. En effet, les terminologies varient d'un texte à l'autre, d'un jugement à l'autre, d'un auteur à l'autre. Le litige faisant souvent place au conflit, au désaccord, au différend, et vice-versa.

Sans directement entrer dans ce débat, le législateur OHADA a préféré les citer tout en les regroupant sous le terme générique « différend ». Toutefois, comment mieux les ordonner pour rendre l'Acte uniforme plus intelligible et permettre aux parties qui s'aventurent dans la médiation de mieux comprendre leur situation ?

Pour mieux cerner la différence, un détour dans la procédure civile est nécessaire. Cela permettra de comprendre que l'usage des expressions « litige » et « différend » par le législateur OHADA dans l'Acte uniforme n'est parfois que de façon abusive.

34. Le conflit s'oppose généralement au litige et au différend. Ce qui les unit, c'est qu'ils relèvent de l'idée de désaccord ou de rivalité. Mais le conflit est plus large que le litige et le différend ; c'est le critère essentiel de leur distinction. En effet, la société est marquée par une floraison de conflits, et la première fonction du droit pourrait bien être de les régler et ainsi de rétablir la paix sociale.

Cependant, cette fonction ne doit pas être idéalisée, dans la mesure où tous ces conflits ne seront pas soumis au juge. Pour Pascal DEUMIER, « *Imagine-t-on les autorités publiques s'immiscer dans le moindre de nos conflits quotidiens pour venir par la force rétablir l'harmonie ? Le droit ne va donc se voir confier que certains conflits qui prennent la forme de litige : le désaccord a alors été formulé en prétentions juridiques concurrentes, portées devant une juridiction* »[55].

---

[54] L. CADIET et *alii*, *Théorie générale du procès*, P.U.F, 3ème éd., 2020, p. 308 et s.

[55] P. DEUMIER, *Introduction générale au droit*, L.D.G.J, 2011, p. 79. n° 71.

Ainsi, contrairement au conflit, le litige est toujours un phénomène juridique[56]. Une partie se prévaut d'une prérogative juridique que l'autre conteste, et l'affaire sera portée devant le juge afin que ce dernier puisse trancher sur la base du droit. Le litige se distingue donc du conflit en général et du désaccord en particulier par sa capacité à intégrer la vie juridique et à être résolu par le droit.

35. Le sens latin du mot *litige* est assez significatif pour l'expliquer. Du latin *litigium*, de *lis* qui signifie procès et de *agere* qui signifie conduire - littéralement « ce qui conduit au procès » - le litige est juridiquement connoté, en ce sens qu'il se définit comme un conflit sur ce que requièrent, autorisent ou interdisent les règles de droit pertinentes, ce que seul peut juger un tiers impartial investi du pouvoir de dire le droit dans un acte d'autorité qui ne peut être contesté que devant un autre juge[57].

On voit donc que le conflit, qui est un désaccord entre au moins deux personnes, se développe dans le non-droit, alors que le litige se développe dans le droit. Le droit est la mesure et la raison d'être du litige. Le litige prend appui sur une règle de droit.

Par exemple, serait un conflit et non un litige la situation d'un commerçant qui sollicite le juge afin qu'il condamne un client à ne s'approvisionner que chez lui. En revanche, serait un litige et non plus un conflit la situation du même commerçant qui sollicite le juge afin que ce dernier condamne un client qui n'a pas respecté les clauses du contrat qui les lie. En portant le conflit devant le juge, le conflit devient litige, pourrait-on dire « *se juridicise* »[58]. Ainsi, « *si un litige naît, c'est que les parties ont accepté de placer leur conflit sur le terrain du droit et qu'elles ont été amenées, à la fois,*

---

56 G. CORNU et J. FOYER, *Procédure civile*, Paris, P.U.F, 1996, p. 37.

57 L. CADIET et *alii*, *op. cit.*, p. 312.

58 B. GORCHS, « La médiation dans le procès civil : sens et contre sens. Essai de mise en perspective du conflit et du litige », *RTD Civ.*, 2003, p. 409

à radicaliser l'opposition de leurs prétentions respectives et à réduire l'ampleur du conflit à ses seules dimensions juridiques plutôt que de le maintenir dans toute sa complexité psychologique et sociale »[59].

36. De ces précisions, il ressort que le conflit précède le litige et peut continuer à exister après son extinction. En effet, la décision du juge a pour finalité de trancher le litige, sans avoir la prétention de mettre fin au conflit[60]. Elle ne pacifiera pas toujours la relation entre le commerçant et son client ; elle mettra seulement fin au litige.

L'office du juge n'est pas tant de résoudre le conflit que de trancher le litige en lui apportant une solution positive au moyen des règles de droit : il tranche une question de droit. C'est à ce niveau que l'on voit tout l'intérêt de distinguer le litige du conflit.

37. Au regard de ce qui précède, on pourrait dire que la médiation n'est pas un mode de règlement des litiges. C'est à juste titre que B. GORCHS a pu écrire « *A définir le « conflit » comme le différend non juridique et le « litige » comme le différend juridique, on peut avancer les deux propositions suivantes : trancher le litige n'est pas forcément résoudre le conflit mais trancher le litige peut impliquer de résoudre le conflit (…) En donnant à la médiation pour objet de résorber le conflit lorsqu'il ne se dissout pas dans le litige (juridique), le médiateur a un rôle à jouer dans le procès. Mais parce que la médiation s'exerce sur du non-juridique, elle participe nécessairement d'un esprit et d'une démarche très différents du jugement. Le litige est au procès ce que le conflit est à la médiation* »[61].

C'est donc à tort que le législateur OHADA fait référence au litige. Il aurait pu s'en tenir au conflit ou au désaccord pour qualifier la nature du différend susceptible d'être soumis à la médiation. En effet, soumettre un litige à la médiation signifierait que le tiers impartial doit

---

59 A. JEAMMAUD, « Conflit/Litige », *in D. ALLAND et S. RIALS, Dictionnaire de la culture juridique*, P.U.F, 2003, p. 17.

60 P. DEUMIER, *op. cit.*, p. 80. n° 71. ; A. JEAMMAUD, *op. cit.*, p. 30.

61 B. GORCHS, *op. cit.*, p. 409

appliquer le droit pour départager les parties, ce qui n'est pas l'esprit de la médiation.

La médiation est un mode amiable de règlement de différend dans lequel les parties sont elles-mêmes à l'origine de la solution à leur conflit. Sa finalité est de mettre un terme définitif au conflit, non de trancher une question de droit. Elle constitue un moyen de prévenir le procès[62]. D'ailleurs, elle est très souvent choisie par les parties comme un préalable à la saisine du juge et ce n'est qu'en cas d'échec qu'elles engagent une procédure judiciaire.

B- Le caractère juridique

38. Pour qu'un différend soit soumis à la médiation OHADA, il doit obligatoirement porter sur un rapport juridique. Cette exigence ressort de la formulation de l'Acte uniforme, qui indique que le « litige » ou le « différend » doit découler d'un rapport juridique. Autrement dit, le différend doit être d'ordre juridique, c'est-à-dire trouver sa source dans le droit, dans une obligation juridique. La nature juridique du différend constitue donc une condition objective de l'application de la médiation OHADA.

Mais que faut-il entendre concrètement par rapport juridique ?

Le tribunal arbitral du CIRDI[63] utilise l'expression « différend juridique » pour désigner ce rapport et le définit

---

62 Ceci est vrai pour la médiation conventionnelle.

63 Le CIRDI c'est le Centre international pour le règlement des différends relatifs aux investissements. C'est un centre d'arbitrage créé par la Banque mondiale. Ce centre d'arbitrage offre le cadre adéquat et approprié pour le règlement, par voie d'arbitrage, des différends relatifs aux investissements opposant un Etat signataire de la Convention de Washington à un investisseur ressortissant d'un autre Etat signataire. Il a joué, depuis sa création, un rôle important dans la promotion des investissements internationaux et présente une grande importance pour les pays en développement en quête

« *comme une controverse dans laquelle les parties sont en désaccord à travers le droit* »[64]. Ainsi, pour déterminer le sens du rapport juridique auquel renvoie l'Acte uniforme, il convient de s'interroger sur les sources des obligations qui en sont à l'origine. En effet, les rapports juridiques se nouent au moyen des rapports d'obligation.

L'obligation, entendue comme le lien de droit qui unit deux ou plusieurs personnes, permet au créancier d'exiger du débiteur une prestation ou une abstention[65]. Seule l'obligation civile, qui est susceptible d'exécution forcée, peut fonder un différend recevable en médiation. Elle s'oppose à l'obligation morale et à l'obligation naturelle, qui ne peuvent en principe être soumises à la médiation.

Toutefois, s'agissant de l'obligation naturelle, la solution est nuancée : lorsqu'elle se transforme en obligation civile, elle peut être médiée. L'obligation naturelle se caractérise par l'absence de contrainte[66] : elle ne peut donner lieu à aucune exécution forcée. Mais elle devient obligatoire, soit lorsqu'elle a été volontairement exécutée, soit lorsque le débiteur s'engage à l'exécuter. Dans ces situations, l'obligation naturelle se transforme en obligation civile et, en cas de différend, peut dès lors faire l'objet d'une médiation.

39. Le Code civil distingue traditionnellement cinq sources d'obligations : la loi, le contrat, le délit, le quasi-

---

d'investissements. Il a connu, avec la participation des Etats africains, un développement considérable. Sur la question, lire G. A TAMKAM SILATCHOM, La contribution de l'arbitrage à la promotion des investissements : étude comparée des systèmes d'arbitrage de la CCJA et du CIRDI, Thèse, Université de Yaoundé 2, 2015.

[64] Jurisprudence du CIRDI, *El Paso c./ République argentine*, décision sur la compétence du 27 avril 2006, disponible sur http://icsid.Worldbank.org/ICSID/FrontServlet.

[65] Fr. TERRE, Ph. SIMLER et Y. LEQUETTE, *Droit civil, Les obligations*, Dalloz, 13 ème éd., 2022, p. 2.

[66] Sur la question, Lire Ph. MALINVAUD, D. FENOUILLET et M. MEKKI, *Droit des obligations*, LexisNexis, 16ème éd., 2021, p. 19.

délit et le quasi-contrat. Le rapport juridique visé par l'Acte uniforme relatif à la médiation s'inscrit nécessairement dans l'une de ces catégories. En précisant que le différend doit découler d'un « rapport juridique », l'AUM ajoute d'ailleurs que celui-ci peut être « contractuel ou autres liés à un tel rapport ». Il en découle que tout différend ayant sa source dans une obligation, qu'elle soit contractuelle, délictuelle, quasi-contractuelle, quasi-délictuelle ou légale, peut être valablement soumis à la médiation OHADA. S'agissant des obligations légales, elles renvoient à celles que la loi attache à certaines situations juridiques, telles que les obligations nées du mariage, dont l'inexécution peut parfaitement être réglée par la médiation prévue par l'AUM.

C- Le caractère actuel

40. La question se pose de savoir si le différend susceptible d'être soumis à la médiation OHADA doit nécessairement être actuel ou s'il peut être simplement éventuel. L'Acte uniforme ne fournit que peu d'indications à cet égard. En définissant la médiation comme « *tout processus dans lequel les parties demandent à un tiers de les aider à parvenir à un règlement amiable d'un litige* », le législateur n'a pas clarifié le sort des litiges éventuels.

Par « litige actuel », il faut entendre un litige déjà né, dans lequel l'opposition d'intérêts entre les protagonistes s'est concrétisée. Dans une telle hypothèse, les parties sollicitent l'intervention du médiateur pour rechercher une solution amiable à un différend déjà réalisé. À l'inverse, le litige éventuel se caractérise par l'absence d'une opposition d'intérêts pleinement constituée : le conflit n'est qu'hypothétique, latent ou sous-jacent. Cette absence de résistance manifeste soulève des interrogations quant à la possibilité, et même à l'opportunité, d'une saisine du médiateur. Par litige actuel, nous entendons le litige né, le litige qui s'est déjà réalisé. Dans ce cas, l'opposition d'intérêts entre les protagonistes est déjà réalisée et ils sollicitent le tiers afin qu'il puisse les aider à parvenir à un règlement amiable. Par contre dans le litige éventuel, l'opposition des intérêts n'est pas encore réalisée et est peut-être sous-jacent. L'absence de résistance ou d'opposition d'intérêts fait donc que l'on s'interroge sur la possibilité que celle-ci survienne et l'opportunité de la saisine du médiateur.

Or, contrairement au juge, le médiateur ne peut être saisi à titre préventif afin de préserver des droits en péril[67]. Il ne relève pas non plus du juge gracieux, lequel intervient dans un contexte apaisé pour vérifier la régularité ou la conformité de rapports juridiques dépourvus de conflictualité manifeste[68]. La médiation, au contraire, suppose que les parties soient en désaccord et recherchent l'assistance d'un tiers pour dépasser ce conflit. Le rôle du médiateur est donc incompatible avec une intervention en l'absence d'un différend constitué. Il s'ensuit que, pour être éligible à la médiation au sens de l'AUM, le différend doit être actuel, c'est-à-dire déjà né et révélateur d'une opposition d'intérêts suffisamment caractérisée.

Paragraphe 2 : Le contenu du différend

41. La médiation se présente comme un mode amiable de règlement des différends. À ce titre, elle constitue une alternative au règlement juridictionnel et emporte, par voie de conséquence, une renonciation volontaire au droit d'accès au juge étatique[69]. Elle permet également aux parties de s'affranchir, au moins partiellement, de l'application stricte de la règle de droit, puisque la solution

---

[67] C'est le rôle du juge des requêtes.

[68] Sur la question lire A. VARNEK, Le juge des requêtes, juge du provisoire, Thèse de Doctorat, Strasbourg, 2013, p. 53.

[69] G. COHEN-JONATHAN, « Le droit au juge », *Mélanges Jean Waline*, Dalloz, 2002, p. 471.

retenue n'est que l'expression de leur autonomie de volonté et de leur liberté contractuelle.

Toutefois, cette liberté comporte des limites. Le recours à la médiation peut s'avérer périlleux lorsqu'il porte sur des matières relevant de l'ordre public ou des bonnes mœurs (A), ou encore sur des domaines dans lesquels les parties ne disposent pas librement de leurs droits (B). Dans ces hypothèses, la médiation risque de se heurter à des restrictions légales impératives qui en compromettent la validité ou l'efficacité.

A- Médiation et ordre public

42. Le règlement du différend par la médiation permet d'échapper au juge étatique normalement compétent pour trancher. Ce faisant, elle permet également d'échapper à l'application de la règle de droit. Le recours à la médiation n'est que l'expression du principe de la liberté contractuelle. En revanche lorsque le différend porte sur une question qui intéresse l'ordre public, on peut légitimement s'interroger sur sa licéité. Le risque est alors grand pour l'accord de médiation d'être contraire à l'ordre public et aux bonnes mœurs.

43. La question de la compatibilité de la médiation avec l'ordre public et aux bonnes mœurs est distincte de sa compatibilité avec la disponibilité des droits. L'existence d'une règle d'ordre public, contrairement à ce qui se passe avec l'indisponibilité des droits, ne constitue pas un obstacle de principe à l'accord de deux volontés. Elle conditionne seulement le contenu de cet accord[70]. On peut alors déduire que l'existence d'une règle impérative applicable à un litige n'interdit pas le recours à la médiation. Cette déduction est malheureusement trop simple. En effet, la médiation épuise le litige si bien que l'on n'en connaîtra jamais sa solution judiciaire ; il est donc

[70] S. GUINCHARD et *alii*,*op. cit.*, p. 1326.

impossible de savoir si la solution adoptée par les parties est conforme à celle à laquelle on aurait abouti s'il avait été fait application des règles impératives au litige[71]. Il est alors important d'opérer une distinction entre l'ordre public de direction (1) et l'ordre public de protection (2).

1- Médiation et ordre public de direction

44. L'ordre public économique de direction vise à assurer la protection d'un intérêt économique général. Il s'agit, autrement dit, de règles édictées en vue de préserver le fonctionnement de l'économie de marché et, plus largement, de favoriser le développement des échanges de biens et de services. *A priori*, on pourrait refuser d'admettre la médiation lorsque le litige touche à l'ordre public de direction. En effet, lorsqu'une règle relevant de cet ordre public est sanctionnée par la nullité du contrat qui la méconnaît, cette nullité est une nullité absolue, insusceptible de confirmation, et la jurisprudence en a déduit que l'action en nullité ne peut être éteinte par une transaction[72]. Toutefois, cette analyse, qui paraît cohérente en théorie, est trop simple pour être transposée mécaniquement dans le cadre de la médiation.

45. En effet, la conformité des règlements amiables en général, et de la médiation en particulier, avec l'ordre public de direction soulève davantage une question institutionnelle qu'une question de fond. Le droit de la concurrence en fournit une bonne illustration. À titre d'exemple, prenons un litige opposant deux commerçants dans lequel l'un reproche à l'autre des pratiques anticoncurrentielles et lui réclame des dommages-intérêts. Rien ne leur interdit de recourir à la médiation, alors même que l'on se trouve dans un domaine marqué par l'ordre public de direction. En revanche, lorsque l'ordre public de direction exige qu'un litige soit porté devant une autorité

---

[71] *Idem.*

[72] Civ. 1er, 12 juin 1967, *Bull. civ.*, I, n° 208.

spécialement habilitée, ou que certaines sanctions ne puissent être prononcées que par elle, un tel litige ne peut être soumis à la médiation. C'est le cas, par exemple, au Cameroun, où la sanction de certaines pratiques anticoncurrentielles relève de la compétence exclusive de la Commission nationale de la concurrence[73]. Dans cette hypothèse, la médiation n'est pas envisageable entre les parties s'agissant des sanctions administratives, mais elle reste possible pour les aspects liés à l'indemnisation. Par ailleurs, une médiation impliquant directement l'autorité compétente demeure envisageable pour la résolution du différend.

2- Médiation et ordre public de protection

46. L'ordre public économique de protection vise à préserver les droits de la partie jugée faible au contrat. Le terrain d'élection de cet ordre public se trouve notamment en droit du travail, en droit de la consommation et en droit des baux. Sont ainsi protégés le salarié qui réclame son salaire ou l'indemnité consécutive à son licenciement, ou encore le commerçant dont le bail n'a pas été renouvelé et qui sollicite l'indemnité d'éviction.

Il convient en effet de distinguer selon que le litige est déjà né ou non. Lorsque le litige est déjà né, les faits qui justifient l'application de la règle de protection, dont le bénéfice est sollicité, appartiennent au passé et sont connus des parties. De ce fait, celles-ci ont la liberté de convenir d'une médiation. Comme le rappelle la Cour de cassation française, « *s'il est interdit de renoncer aux règles de protection établis par la loi sous le sceau de l'ordre public, il est en revanche permis de renoncer aux effets acquis de telles règles* »[74].

---

[73] Voir art. 22 de la Loi n° 98/013 du 14 juillet 1998 relative à la concurrence au Cameroun.

[74] Civ. 1er, 17 mars 1998, *Bull. civ.*, I, n° 120, *JCP* 1998, II, 10148, note S.PIEDELIEVRE.

En revanche, la question de la conformité de la médiation avec l'ordre public de protection est plus discutée lorsque le litige n'est pas encore né. Il n'est pas rare, par exemple, que les professionnels introduisent dans les conditions générales des contrats qu'ils proposent aux consommateurs des clauses prévoyant le recours à la médiation en cas de litige. De telles clauses ne risquent-elles pas d'être considérées comme abusives ?

La Directive n° 2/19-UEAC-639-CM-33 harmonisant la protection des consommateurs au sein de la CEMAC et adoptée le 8 avril 2019, prévoit en son article 88 qu'est abusive la clause ayant pour effet ou pour objet « *d'imposer au consommateur de soumettre un litige de consommation à un model informel ou non judiciaire de règlement, tel qu'une conciliation, **une médiation** ou un arbitrage* ».

En tout état de cause, cette disposition n'interdit pas les clauses de médiation qui laissent au consommateur la liberté de saisir les juridictions judiciaires, y compris à l'issue de la médiation en cas d'échec de celle-ci. Ces clauses sont valides dans la mesure où elles ne constituent pas un obstacle au droit d'agir en justice.

B- Médiation et indisponibilité des droits

47. En principe, les droits indisponibles sont exclus de la médiation (1). Toutefois, ces droits sont admis dans certains cas (2).

1- Le principe : l'exclusion des droits indisponibles

48. L'Acte uniforme relatif à la médiation, contrairement à l'Acte uniforme relatif à l'arbitrage, ne précise pas que les parties ne peuvent recourir à la médiation que sur les droits dont elles ont la libre disposition. On peut à cet égard penser que la médiation OHADA est ouverte à tout type de différend. Tel n'est pas le cas ; car les sujets de droit ne sont pas toujours maîtres de leurs droits. Un droit disponible est un droit qui échappe à la maîtrise de son titulaire[75]. Ce sont des droits sur lesquels la manifestation de volonté des parties est en principe dépourvue d'effets. On peut citer la matière pénale, l'état des personnes, etc. En principe, les droits qui relèvent de ces matières sont indisponibles et les parties ne peuvent les soumettre à la médiation. Seul le juge compétent ou l'autorité publique investie par l'Etat peut régler les différends qui naissent de ces matières. Ça peut être le juge civil si le différend porte sur l'état des personnes. Ainsi, on ne peut recourir à la médiation pour divorcer, ou statuer sur la validité d'un mariage. Il en est également de l'action en désaveu ou de recherche de paternité. Les droits en cause sont des droits indisponibles. Il en est de même en matière pénale de l'action publique pour la répression d'une infraction. De même les différends électoraux ne peuvent pas être soumis à la médiation. En ce qui concerne le contentieux administratif, avec l'ouverture de la médiation à l'Etat et les autres entités publiques, il peut désormais être fait recours à la médiation pour le règlement amiable de différends nés à l'occasion d'un contrat ou d'un acte administratif[76]. Cette extension de la médiation aux litiges administratifs viendra alors améliorer les rapports entre Administration et administrés dans l'espace OHADA[77].

2- L'exception : l'admission des droits relativement indisponibles

49. On ne saurait conclure qu'il suffit qu'un droit soit simplement indisponible pour qu'il ne puisse pas être soumis à la médiation prévue par l'Acte uniforme. Lorsque

---

[75] P. G POUGOUE, J. M. TCHAKOUA et A. FENEON, *Droit de l'arbitrage dans l'espace OHADA*, P.U.A, Yaoundé, p. 66.

[76] D. COSSI SOSSA et J.M. TCHAKOUA, commentaire de l'Acte uniforme du 23 novembre 2017 relatif à la médiation, *in Traité et Actes uniformes commentés et annotés*, Juriscope 2023, p. 348.

[77] L. VIAUT, « De l'intérêt de la médiation en droit administratif », Petites *Affiches*, 22 octobre 2020, n° 212, p. 15.

les parties décident de résoudre leur différend par la médiation, il n'est pas certain qu'elles violent nécessairement les règles sur la disponibilité des droits ; il existe seulement un risque de violation de ces règles.

Pour plus d'efficacité, il serait judicieux de distinguer les matières absolument indisponibles que nous avons étudiées dans le paragraphe n° 48, des matières relativement indisponibles.

Pour ces dernières, on distingue deux situations :

1. Les droits qui procèdent d'une situation indisponible, mais qui deviennent ensuite disponibles pour certains de leurs effets. Par exemple, l'action en obtention de pension alimentaire n'est pas un droit disponible et ne peut, au sens de l'Acte uniforme, être directement soumise à la médiation. En revanche, le mode de fixation de cette pension ou sa quotité peut faire l'objet d'une médiation
2. Les droits qui sont indisponibles à l'état de droit éventuel, mais qui sont disponibles à l'état de droit né ou actuel[78]. Par exemple, la procédure d'obtention d'un brevet ne peut être soumise à la médiation. Toutefois, une fois le brevet obtenu, tout litige né, par exemple, de sa cession, peut faire l'objet d'une médiation.

Section II : Le domaine personnel

50. Le domaine personnel de la médiation se pose généralement sous l'angle de l'aptitude des personnes publiques à y recourir. En effet, pendant longtemps, on a douté, voire écarté, la possibilité pour les personnes morales de droit public d'utiliser les modes alternatifs de règlement des différends. Une telle réserve était justifiée à une époque où l'État et ses démembrements ne participaient pas au commerce[79].

---

[78] Sur la question lire P. MEYER, *op. cit.*, p. 100 et s.

[79] Sur la question, lire D. R. YEPNDO, La personne publique dans le commerce international, Thèse, Université de Yaoundé II, 2016, pp. 136 et s.

Cependant, depuis quelques années, ces entités sont devenues de véritables opérateurs du commerce international[80]. Avec l'évolution de l'économie et le phénomène de la mondialisation, leurs intérêts sont moins protégés au profit de ceux des opérateurs économiques[81]. Dans ce contexte, l'État, en s'impliquant dans le commerce, ne pouvait plus être exclu des modes alternatifs de règlement des différends, dont la médiation fait partie.

La question avait été résolue en matière d'arbitrage à travers l'arrêt *Galakis*[82], qui a, pour la première fois, reconnu la capacité de l'Etat à compromettre. Cette tendance a ensuite été suivie par presque toutes les législations modernes sur la médiation. Elle est encore plus perceptible dans la médiation OHADA, où le législateur admet explicitement que les « *entités publiques ou les États* » peuvent y recourir.

Cette consécration (Paragraphe 1) entraîne toutefois certaines implications (Paragraphe 2).

Paragraphe 1 : La consécration

51. Après avoir exposé la teneur de cette consécration (A), nous donnerons les mobiles qui ont conduit à une telle option (B).

A- La teneur de la consécration

52. Le législateur OHADA a explicitement indiqué que les entités publiques ou les Etats peuvent être parties à une médiation. En définissant la médiation, il précise que le conflit soumis doit découler « *(…) d'un rapport juridique,*

---

80 J. M. JACQUET, « L'Etat, opérateur du commerce international », JDI, 1989, pp. 621-690 ; D. COSSI SOSSA, « L'extension de l'arbitrabilité objective aux accords de développement économique dans l'espace OHADA », », *RBSJA*, n° 22, 2009, p. 43.

81 X. BOUCOBZA, « La prise en compte des intérêts de l'Etat dans le commerce international », *Rev. arb.*, n°2, 2005, p. 465 et s.

82 Cass. Civ. 1ère, 2 mai 1966, D. 1966, 575, note J. Robert.

contractuel ou autres ou lié à un tel rapport, impliquant des personnes physiques ou morales, y compris des entités publiques ou des Etats ».

Si l'aptitude des personnes physiques ou des personnes morales de droit privé ne prête à aucun doute, la précision concernant les personnes morales de droit public était nécessaire, sous peine de devoir rouvrir le débat qui avait prévalu dans le domaine de l'arbitrage[83]. Contrairement au Traité OHADA et au Règlement d'arbitrage de la CCJA qui, pour désigner les personnes habilitées à recourir à l'arbitrage, utilisent la formule générale « toute personne », l'Acte uniforme relatif à la médiation (AUM) se veut plus précis en énumérant les acteurs concernés.

Cependant, cette énumération reste incomplète. S'agissant des personnes publiques, l'AUM emploie les termes « entités publiques » et « États ». Dans le cadre d'une exception en droit public, cette énumération doit-elle être interprétée strictement et ne s'appliquer qu'aux catégories de personnes morales explicitement citées ?[84]

---

[83] Sur la question lire J. M. TCHAKOUA, « L'arbitrabilité des différends dans l'espace OHADA », *op. cit.*, pp. 5-29 ; R. NEMEDEU, « La recherche du critère d'arbitrabilité des litiges concernant les personnes morales de droit public en droit OHADA », *op. cit.*, p. 505 et s.

[84] Le problème s'est posé dans le droit de l'arbitrage OHADA. L'article 2 de l'Acte uniforme OHADA relatif au droit de l'arbitrage évoque : « *les Etats, les collectivités territoriales ainsi que les établissements publics* ». S'agissant d'une exception en droit public on a pensé qu'elle doit être d'interprétation stricte et ne pas s'appliquer aux catégories de personnes morales non citées par l'Acte uniforme ». On a pensé que cet article a épuisé la liste des personnes morales de droit public. Ainsi, les groupements d'intérêt public, les sociétés d'Etat etc. échapperaient normalement à cette aptitude. Cet avis n'a pas été partagé par d'autres commentateurs. Philippe FOUCHARD estime que la disposition en question est déjà « *parfaitement claire et ne mérite aucune espèce d'interprétation* » [84]. Pour lui, en application de l'adage « *qui peut le plus peut le moins* », si l'Etat a la capacité de compromettre, il est normal que l'on l'étende naturellement à toutes ses émanations. C'est dans le même sens que va le Docteur Gaston KENFACK DOUAJNI

Quelle est, dès lors, la portée exacte des notions d'« entité publique » et d'« État » telles qu'évoquées par l'AUM ?

53. La détermination de la personne morale de droit public n'a pas toujours été aisée, en raison de la complexité contemporaine de l'État et de ses émanations, liée notamment à la structure fédérale de certains États, à la décentralisation et à la déconcentration administrative opérées dans d'autres, ainsi qu'à la multiplication des sociétés d'État[85]. Il apparaît dès lors nécessaire de préciser quelles sont les entités publiques visées par l'AUM.

A cet égard, il convient de rappeler que « *le comportement de tout organe de l'Etat est considéré comme un fait de l'Etat d'après le droit international* »[86]. Dès lors, se pose la question de savoir comment identifier un organe de l'État pour déterminer si celui-ci peut être partie à une médiation.

Pour éclairer cette problématique, il peut être pertinent de se référer aux dispositions du projet d'articles de la Commission du droit international (CDI) sur la responsabilité de l'État, lequel distingue de manière pertinente les organes de l'État et les entités infra-étatiques. Cette distinction fournit un cadre conceptuel utile pour identifier les acteurs publics habilités à recourir à la médiation dans l'espace OHADA.

54. Les organes de l'État, encore appelés « émanations de premier degré »[87], découlent de la structure même d'un Etat. Leur identification repose sur l'application du principe d'unité de l'État, énoncé à l'article 4 du projet d'articles de la CDI sur la responsabilité de l'État. Ainsi, les

---

lorsqu'il pense que l'esprit de cet article 2 permet à l'Etat et tous ses démembrements de souscrire des conventions d'arbitrage (*Rev. cam. arb.*, numéro spécial (1), octobre 2001, p. 52 et s.

[85]G. AREOU, La concurrence des procédures de règlement des différends relatifs aux investissements, Thèse de Doctorat, Université de Nice Sophia-Antipolis, 2009, p. 59.

[86] Art. 4 du projet d'article de la C.D.I sur la responsabilité de l'Etat.

[87] Cette expression est de G. AREOU, *op. cit.*, p. 59.

émanations du premier degré comprennent notamment : le pouvoir exécutif, le pouvoir législatif, le pouvoir judiciaire, l'État fédéral et les États fédérés, ainsi que les collectivités territoriales déconcentrées ou décentralisées. Toute action ou omission de ces organes est attribuable à l'État, selon le principe selon lequel, « *le comportement de tout organe de l'Etat est considéré comme un fait de l'Etat d'après le droit international, que cet organe exerce des fonctions législatives, exécutives, judiciaires ou autres, quelle que soit la position qu'il occupe dans l'organisation de l'Etat, et quelle que soit sa nature en tant qu'organe du gouvernement central ou d'une collectivité territoriale de l'État* »[88].

55. La détermination des acteurs publics serait bien trop simple si elle n'englobait que les organes de l'État. S'il existe un lien organique entre ces « émanations de premier degré », il n'en va pas de même lorsqu'on étudie les entités infra-étatiques. Encore appelées « émanations de second degré »[89], ces entités infra-étatiques comprennent des organismes parapublics et/ou des sociétés constituées par l'État pour assurer une mission de gestion, de contrôle ou de régulation[90]. Il convient de rappeler les conditions exigées par l'article 5 du projet d'articles de la C.D.I sur la responsabilité des Etats. Selon cet article, « *le comportement d'une personne ou d'une entité qui n'est pas un organe de l'Etat au titre de l'article 4, mais qui est habilitée par le droit de cet État à exercer des prérogatives de puissance publique, pour autant que, en l'espèce, cette personne ou entité agisse en cette qualité, est considéré comme un fait de l'État d'après le droit international* ».

Cette disposition nous renseigne d'abord sur le fait que les actions ou omissions des entités infra-étatiques sont imputables à l'État et peuvent engager sa responsabilité.

---

88 Art. 4 Projet d'articles de la C.D.I.

89 Cette expression est de G. AREOU, Thèse, *op. cit.*, p.67.

90 J.M. LONCLE et J. B. MOREL, « Les émanations des Etats et l'arbitrage CIRDI », *R.D.A.I.*, 2008, p. 51.

Ensuite, deux conditions sont nécessaires pour la qualification d'une entité infra-étatique. Premièrement, l'entité dont le comportement est en cause et qui n'est pas un organe de l'État doit être habilitée par l'État à l'exercice des fonctions gouvernementales. Deuxièmement, elle doit agir en tant que puissance publique vis-à-vis de son partenaire à la médiation. Ces deux conditions sont cumulatives. À titre d'exemple, dans le cadre de l'arbitrage, le tribunal du CIRDI a eu à les appliquer dans l'affaire *L.E.S.I. et ALSTADI*[91] *c/ République algérienne démocratique et populaire.* Il s'agissait, pour le tribunal, de déterminer si l'Agence Nationale des Barrages (A.N.B.) d'Algérie était une entité infra-étatique dont les actes étaient imputables à la République d'Algérie. Selon le tribunal, « *il convient d'examiner si l'ANB est néanmoins habilitée à exercer les prérogatives de puissance publique conformément à l'article 5 CDI (critère structurel) et si les faits litigieux relèvent de l'exercice des prérogatives de puissance publique de cette entité (critère fonctionnel)* ». Après examen de ces deux critères, le tribunal a conclu qu'« *il découle des considérations qui précèdent qu'en application du critère structurel, l'ANB doit être considérée comme une entité dotée de prérogatives de puissance publique et que, conformément au critère fonctionnel, les actes qui lui sont reprochés sont de nature gouvernementale* ».

56. En définitive, les organes de l'État et les entités infra-étatiques constituent les différentes parties susceptibles de recourir à la médiation OHADA. Il suffit, pour l'État ou pour l'un de ses démembrements, d'être partie à un contrat ou, plus largement, engagé dans un rapport juridique, pour pouvoir participer à la médiation OHADA. La question de l'aptitude de la personne morale de droit public à être partie à une médiation ne prête donc

---

91 *L.E.S.I. S.p.A. et ASTALDI S.p.A. c/ République algérienne démocratique et populaire* (Affaire n° ARB/05/3), Sentence arbitrale du 12 novembre 2008, disponible sur le site : http://icsid.Worldbank.org/ICSID/FrontServlet.

à aucune réserve. Les motifs ayant justifié une telle option apparaissent pleinement pertinents.

B- Les mobiles d'une telle option

57. La place croissante de la médiation dans la pratique des affaires est particulièrement perceptible dans les États qui dépendent fortement des investissements pour accélérer leur développement économique. En effet, les opérateurs économiques de ces pays, ainsi que les investisseurs étrangers, confrontés à l'insécurité judiciaire, éprouvent le besoin de disposer, parallèlement à la justice étatique, d'une diversité d'outils et de modes alternatifs de règlement des litiges.de litiges.

Étant donné que l'investissement comporte en lui-même un risque, l'investisseur recherche une justice efficace, garantie que ne peuvent assurer les juridictions des pays sous-développés, souvent défaillantes. C'est dans ce contexte que la médiation a été ouverte aux personnes morales de droit public, afin de fournir aux investisseurs cette justice alternative tant recherchée.

La prise en compte des dysfonctionnements de la justice étatique (1) et la nécessité de restreindre le pouvoir normatif de l'État (2) constituent, entre autres, les principaux motifs ayant justifié l'extension de la médiation OHADA aux personnes morales de droit public.

1- La prise en compte des dysfonctionnements de la justice étatique

58. Le dysfonctionnement de la justice étatique constitue le principal reproche formulé par les investisseurs. Ces derniers s'accordent à reconnaître que la justice étatique est particulièrement sinistrée. Cette situation est généralisée dans les pays[92] qui ont plus besoin d'investissement : on y observe une insécurité judiciaire,

[92] C'est le cas de l'Afrique.

caractérisée par la manière dont la justice est rendue. Cette dernière « *s'est montrée incapable de répondre à toutes les attentes des justiciables* »[93]. On constate également une dégradation du fonctionnement judiciaire, tant sur le plan juridique que déontologique, notamment en raison du manque de moyens matériels et du déficit de formation des magistrats[94].

Ces dysfonctionnements engendrent plusieurs conséquences : lenteurs procédurales, corruption du système judiciaire et politisation de la justice.

59. Les lenteurs judiciaires, les mauvaises conditions de travail des magistrats, l'engorgement des tribunaux et le manque de juges sont autant de facteurs qui allongent considérablement les délais de rendu des décisions. Cette situation préjudiciable pénalise l'activité des entreprises confrontées à des litiges commerciaux devant les juridictions ordinaires.

Or, il est bien connu que les opérateurs économiques ne tolèrent guère les pertes de temps, ces dernières affectant directement l'efficacité et la rentabilité de leurs activités. Les Anglais n'ont-ils pas raison de dire *« Time is money »* ?

60. La corruption du système judiciaire se manifeste sous diverses formes, notamment par le versement de pots-de-vin ou la monnaie des décisions. La situation financière précaire de certains magistrats les rend vulnérables à de telles pressions. C'est ainsi que dans de

---

93 Pr. NKOU MVONDO, « La crise de la justice de l'Etat en Afrique noire francophone. Etude des causes du divorce entre la justice et les justiciables », *Penant*, n° 824, 1997, pp. 208-228 ; « La justice parallèle au Cameroun : la réponse des populations camerounaises à la crise de la justice de l'Etat », *Rev. Droit et société*, 2002, p. 370.

94F. ONANA ETOUNDI, « La sécurisation judiciaire de l'investissement en Afrique : à propos du rôle joué par la Cour Commune de Justice et d'Arbitrage de l'OHADA », *Actualités juridiques* n°53, 200, p. 4.

nombreux pays, l'« *on achète des décisions de justice* »[95]. Les décisions sont rendues en faveur des personnes qui payent des sommes d'argent au juge[96].

61. En ce qui concerne la politisation de la justice, on observe une ingérence accrue des autorités politiques dans les affaires qui les concernent directement ou indirectement Cette ingérence se manifeste tant par la menace, l'intimidation ou le simple soudoiement des magistrats que par la manipulation des nominations judiciaires, des rémunérations et des conditions d'emploi[97].

Des études ont montré que, dans de nombreux pays africains, dès lors qu'une affaire présente une coloration politique, comme c'est fréquemment le cas dans les litiges impliquant un investisseur étranger et les autorités du pays d'accueil, la capitulation du juge constitue l'issue la plus probable. Ainsi, un auteur a relevé que « *le juge confronté à des affaires ayant une implication politique est dans une situation inconfortable (…), même lorsqu'il est courageux et fait preuve d'impartialité, il n'est pas en mesure d'entrer en conflit ouvert avec le pouvoir politique. Sa marge de manœuvre est plus restreinte* »[98].

62. La conjonction de l'ensemble de ces facteurs conduit les opérateurs économiques à réorienter leurs

---

95 Déclaration de Monsieur S. MICHAILOF, Acte du premier colloque « Afrique SA » : ensemble, dynamisons le secteur privé, 3 octobre, www.senat.fr/colloqueafrique, p. 13. (Site consulté le 13 juin 2022).

96 Voir dans ce sens M. FILIGA SAWADOGO, « L'accès à la justice en Afrique francophone. Problèmes et perspectives : le cas du Burkina Faso », *in L'effectivité des droits fondamentaux dans les pays de la communauté francophone*, Actes du Colloque sur « l'effectivité des droits fondamentaux dans les pays de la communauté francophone », Port-Louis, 29-30 septembre, 1er octobre 1993, Montréal, AUF, Collection série francophone, 1994 ; p. 302. ; DEMBA SY, « La condition du juge en Afrique : l'exemple du Sénégal », 2003, www.afrilex.u-bordeau4.fr.

97 *Idem.*

98 A. BADARA FALL, « Le juge, le justiciable et les pouvoirs publics : pour une appréciation concrète de la place du juge dans les systèmes politiques en Afrique », www.afrilex.u-bordeau4.fr.

investissements, tout en se détournant des pays caractérisés par une insécurité juridique et judiciaire. Cette situation a eu pour effet de freiner considérablement le développement en Afrique. Le besoin de reconstruire l'édifice judiciaire se fait alors sentir, afin de restaurer la confiance des investisseurs et de stimuler l'investissement privé, véritable moteur du développement économique et d'accroître ainsi l'investissement privé, cheville ouvrière du développement[99].

Cette motivation se traduit notamment par l'adoption de l'Acte uniforme sur la médiation dans l'espace OHADA et par la consécration explicite de l'aptitude des personnes morales de droit public à y participer. L'extension de la médiation à ces acteurs répond à un besoin concret des investisseurs, qui cherchent à soustraire les différends liés aux investissements aux juridictions internes[100]. Cette préoccupation est d'autant plus légitime que de précédentes vagues de nationalisation avaient fortement affecté les intérêts des investisseurs étrangers.

63. Bien que les États de l'espace OHADA aient entrepris une vaste réforme de leur système judiciaire, ces efforts demeurent limités et insuffisants. Limités, en ce qu'ils nécessitent un certain temps pour produire leurs effets ; insuffisants, car la méfiance des opérateurs économiques à l'égard de la justice étatique reste générale et profondément enracinée. Il apparaît dès lors nécessaire de disposer d'une justice alternative, exempte de toute emprise étatique.

C'est précisément cette solution que proposent les modes alternatifs de règlement des différends, parmi lesquels figure la médiation. La consécration de celle-ci en droit OHADA comme mode normal de règlement juridique des conflits constitue un événement majeur pour les praticiens et les opérateurs du commerce international,

---

[99] KEBA MBAYE, Avant-propos, n° spécial OHADA, *Rev. Penant*, n° 827, 2000, p. 126.
[100] *Idem.*

renforçant la confiance dans un environnement judiciaire plus efficace et impartial.

2- La maîtrise du pouvoir normatif de l'État

64. La nécessité de contourner ou de limiter le pouvoir normatif de l'État constitue le corollaire de la recherche d'une justice alternative. En effet, l'investisseur cherche à réduire l'emprise de l'État notamment pour soustraire ses différends à la juridiction étatique, laquelle est entièrement soumise à l'autorité de la loi du *for*. Le pouvoir normatif de l'État comporte ainsi des inconvénients pour l'investisseur, que la médiation contribue à atténuer, en offrant un cadre plus souple et impartial pour le règlement des conflits.

65. Selon Prosper Weil, le cocontractant privé d'un Etat doit, sur le plan juridique, faire face à deux types de risques : l'« *aléa économique* » et l'« *aléa de souveraineté* »[101]. Ce dernier comprend l'« *aléa législatif* », résultant du pouvoir de l'État de modifier sa législation interne, et l'« *aléa de puissance publique* », correspondant à la possibilité pour l'État de modifier ou de résilier unilatéralement les contrats administratifs. L'« *aléa de souveraineté* » a ainsi été qualifié de pouvoir normatif de l'État[102], entendu de manière générale comme la faculté pour l'État de modifier sa législation ou les stipulations contractuelles en vertu de sa souveraineté et de sa prérogative de puissance publique.

Cette prérogative constitue, pour l'État, un instrument lui permettant de se soustraire à certains engagements ou de protéger les intérêts nationaux face à des investisseurs

---

[101] Pr. WEIL, « Les clauses de stabilisation ou d'intangibilité insérées dans les accords de développement économique », *Mélanges Rousseau,* 1974, p. 301 ; D. R. YEPNDO, thèse, *op. cit.*, p. 204 et s.

[102] P. MAYER, « La neutralisation du pouvoir normatif de l'Etat en matière de contrats d'Etat », *Un siècle d'étude du droit international,* Paris, Litec, Collection traité, 2006, p. 429 ; « Les clauses de stabilisation dans les contrats d'investissement : une entrave au pouvoir normatif de l'Etat d'accueil », *JDI*, n° 2, 2014, p. 1 et s.

mal intentionnés. Du point de vue de l'investisseur, il s'agit en revanche d'une source d'insécurité juridique, d'une véritable *épée de Damoclès* plaçant ses investissements dans une situation de précarité. En modifiant sa législation ou les stipulations contractuelles, l'État peut en effet compromettre, directement ou indirectement, toutes les attentes de l'investisseur[103].

66. À titre d'exemple, l'investisseur peut se retrouver exposé à des impôts ou droits de douane plus élevés que ceux initialement intégrés dans son calcul de risque, ou que ne permettrait une gestion profitable de ses activités[104]. Plus grave encore, l'État peut abuser de son pouvoir normatif en procédant à des actes de nationalisation ou d'expropriation touchant des intérêts étrangers ou les filiales d'entreprises étrangères.

Cette situation place l'investisseur dans une position particulièrement précaire. L'instabilité et la vulnérabilité de sa situation sont permanentes : son investissement demeure à la merci de l'État, lequel peut, au nom de sa souveraineté, se soustraire à ses engagements en cas de survenance d'un litige avec l'investisseur.

67. En considération de l'ensemble de ces facteurs, il devenait primordial pour l'investisseur de disposer d'un régime juridique stable et d'un mode de règlement des litiges à l'abri de tout impératif de souveraineté. La médiation apparaît comme la solution adaptée à cette exigence. La recherche d'une solution efficace pour limiter le pouvoir normatif de l'État passe par la soustraction des rapports entre l'investisseur et l'État d'accueil à la juridiction de ce dernier.[105].

---

[103]D. COSSI SOSSA, « L'aptitude des personnes morales de droit public à compromettre dans l'arbitrage OHADA: les mobiles d'une telle option », *Rev. cam. arb.*, Numéro spécial 2, Actes du Colloque APAA , Yaoundé, 2009, p.114.

[104]*Ibid*, p. 115.

[105]*Ibidem.*

La tendance générale est ainsi à l'internationalisation des relations entre l'investisseur et l'État d'accueil[106], laquelle se traduit par l'émergence de nouvelles procédures de règlement des différends[107]. La médiation constitue alors une alternative pertinente. Ce besoin exprimé par les investisseurs de neutraliser l'aléa lié au pouvoir normatif de l'État se justifie par le fait que la médiation, en tant que justice autonome, contrecarre efficacement cette prérogative : le médiateur n'est soumis à l'autorité d'aucune loi et assiste les parties dans la recherche d'un accord.

La juridicité de la médiation ne dépend pas d'un ordre juridique étatique. Cette conception repose sur la conviction forte des médiateurs qu'ils ne sont ni des juges, ni des arbitres. Il apparaît donc clairement que l'exercice de la volonté des investisseurs étrangers de limiter le pouvoir normatif de l'État est consubstantiel au recours à la médiation. C'est dans cette perspective que le droit de la médiation OHADA a été institué, offrant aux investisseurs des garanties concrètes de neutralisation des pouvoirs de l'État.

Paragraphe 2 : Les implications de la consécration

68. Par la consécration de l'aptitude des personnes morales de droit public à être parties à la médiation, le législateur OHADA contribue à ramener l'Etat et ses démembrements au rang de justiciables ordinaires dans

---

106Ce phénomène d'internationalisation des rapports entre l'investisseur et l'État d'accueil s'est développé pour la première fois au lendemain de la Seconde Guerre mondiale. Le mécanisme de la protection diplomatique, qui constituait alors le seul recours possible pour protéger l'individu dans l'ordre juridique international, a conduit les praticiens de l'arbitrage à réfléchir à d'autres modes de protection de l'individu dans ses rapports avec l'État d'accueil. C'est dans ce contexte qu'est apparue l'idée d'internationaliser le rapport État–investisseur étranger.

107 G. AREOU, Thèse, *op. cit.*, p. 98.

son espace[108]. Cette aptitude est telle que, dès lors que l'État ou l'un de ses démembrements a donné son consentement à l'arbitrage, il ne peut valablement tenter de s'en soustraire en invoquant la nullité de la clause, sous prétexte, notamment, d'une incapacité statutaire à y souscrire.

Bien que l'AUM ne se soit pas explicitement prononcé sur ce point, il semble que cette règle aille de soi, le droit de l'arbitrage ayant expressément traité de la question. En effet, selon l'article 2 de l'Acte uniforme OHADA relatif au droit de l'arbitrage : « *les États et les autres collectivités publiques territoriales ainsi que les établissements publics peuvent également être parties à un arbitrage, sans pouvoir invoquer leur propre droit pour contester (…) leur capacité à compromettre ou la validité de la convention d'arbitrage* ».

Une formulation analogue aurait dû être retenue lors de la rédaction de l'AUM, bien que la médiation soit un mode amiable de règlement des litiges. Il s'agit d'une règle de droit international privé qui permet de prévenir les contestations portant sur la validité de la convention de médiation et de sécuriser ainsi la participation des personnes morales de droit public.

---

108 C. A. AQUERUBURU, « L'Etat, justiciable de droit commun dans le Traité OHADA », *Penant,* n° 865, p. 503 et s.

CHAPITRE II
LES CARACTÈRES DE LA MÉDIATION OHADA

69. La médiation OHADA peut être civile ou commerciale (**Section I**), interne ou internationale (**Section II**). Toutefois, l'Acte uniforme exclut la médiation judiciaire et la médiation arbitrale (**Section III**).

Section I : La médiation civile et la médiation commerciale

70. Ce qui retient l'attention à la lecture de l'AUM est que le législateur OHADA a entendu ouvrir son système de médiation. Il s'agit ici d'envisager les matières sur lesquelles peut porter la médiation prévue par l'Acte uniforme. La question consiste à déterminer si la médiation en cause s'applique aux litiges civils ou commerciaux. Lorsque le litige présente une nature civile, il s'inscrit dans le champ du droit civil et l'on parle alors de médiation civile. En revanche, la médiation commerciale concerne les différends de nature commerciale et se définit par référence au droit commercial.

Du point de vue substantiel, la commercialité de la médiation est déterminée par le caractère commercial du litige soumis, lui-même apprécié à la lumière de la nature commerciale de la relation ayant suscité le différend[109]. Ainsi, la médiation civile porte sur les différends relevant de la compétence des juridictions civiles, tandis que la médiation commerciale concerne ceux qui relèvent de la compétence des juridictions commerciales[110].

71. La médiation envisagée initialement dans l'espace OHADA était limitée à la médiation commerciale. En

---

109 Sur la question de la commercialité, lire P. Meyer, *op. cit.*, p. 37.

110 Fr. FFERRAND, « La médiation civile en droit comparé : les exemples allemand et autrichien », *RIDC*, Vol. 61 N°2(1),2009. pp. 265-284.

effet, par Décision n° 001/2011/CM/OHADA, le Conseil des ministres prescrivait la réalisation d'une étude de faisabilité et d'opportunité en vue d'un Acte uniforme sur la médiation « commerciale ». La médiation civile était originellement exclue.

En revanche, l'AUM ne fait aucune distinction entre la médiation civile et la médiation commerciale. Les dispositions dudit Acte ont vocation à s'appliquer tant à la médiation civile qu'à la médiation commerciale. L'article 2, consacré à son champ d'application, dispose que « le présent Acte uniforme s'applique à la médiation », sans aucune précision supplémentaire. Cela signifie que le législateur n'a pas entendu limiter le champ d'application de l'Acte uniforme à la seule médiation commerciale, alors même que le droit OHADA est traditionnellement un droit destiné à régir les activités économiques.

On constate ainsi que la commercialité, telle qu'elle ressort de l'Acte uniforme relatif au droit commercial général, est sans incidence sur le droit de la médiation OHADA : celui-ci s'applique indistinctement à la médiation civile et à la médiation commerciale. C'est d'ailleurs cette option qu'avait déjà retenue le législateur OHADA en matière d'arbitrage[111]. Dès lors, la distinction entre médiation civile et médiation commerciale ne présente aucun intérêt en droit OHADA.

Section II : La médiation interne et la médiation internationale

72. L'AUM a-t-elle vocation à s'appliquer à la médiation interne ou à la médiation internationale ? Ce que l'on sait, c'est que le législateur OHADA s'est contenté d'indiquer que « le présent Acte uniforme s'applique à la médiation »[112], sans préciser s'il s'agit d'une médiation

---

[111] P. MEYER, *op. cit.*, p. 34 et s.

[112] Article 2 de l'AUM.

interne ou internationale sans préciser si celle-ci peut être interne ou internationale.

La médiation internationale peut être définie par référence au caractère international des intérêts en cause. Elle correspond ainsi à la médiation mettant en jeu des intérêts relevant du commerce international[113]. Sa qualification est indépendante de toute considération relative à la personne des parties, telles que leur nationalité ou leur siège social, ainsi que de toute manifestation de leur volonté, comme le choix du siège de la médiation. C'est l'opération contractuelle, et elle seule, qui fournit les paramètres permettant d'apprécier le caractère international de la médiation[114]. C'est l'opération contractuelle, et elle seule, qui fournit les paramètres selon lesquels est appréciée la qualification de la médiation internationale.

La médiation est internationale dès lors que l'opération réalise un transfert de biens, de services ou de fonds à travers les frontières[115], ou que cette opération ne se dénoue pas économiquement sur le territoire d'un seul État[116]. La médiation interne, quant à elle, est celle dont tous les éléments sont localisés dans un même espace juridique. Toutefois, c'est au moment de l'apparition du litige que le caractère interne ou international de la médiation doit être apprécié.

73. Y a-t-il un véritable intérêt à distinguer la médiation interne et la médiation internationale ? La question s'était posée en des termes similaires à propos de

---

113 C'est cette définition qui a été retenue en droit français pour définir la nature internationale de l'arbitrage. Sur la question, lire 'article 1504 du CPC.

114 Cette idée a été retenue par le juge français en matière d'arbitrage. Sur la question, lire CA Paris, 17 janv. 2002 : *Rev. arb.* 2002, 391, note J.-B. Racine ; *RTD com.* 2003, 63.

115 CA Paris, 1er juill. 1997 : *Rev. arb.* 1998, 131, note D. HASCHER;

116 CA Paris, 10 mai 2007 : *Rev. arb.* 2007, 821, note V. CHANTEBOUT.

l'arbitrage, lorsqu'il s'agissait de déterminer s'il convenait d'opérer une distinction entre arbitrage interne et arbitrage international. Certaines législations, comme celle de la France, ont retenu cette distinction. Mais l'idée ayant justifié cette option en matière d'arbitrage apparaît peu convaincante pour être transposée à la médiation.

Selon Philippe FOUCHARD, « *l'arbitrage interne doit rester plus encadré, mieux contrôlé, tandis que le libéralisme dont est empreinte notre jurisprudence à l'égard de l'arbitrage international doit se maintenir. La raison en est simple : ce dernier est le mode normal de règlement des différends du commerce international, tandis que l'arbitrage interne est plus directement concurrent de la justice étatique* ». Or, si le droit applicable au fond du litige constitue l'élément essentiel de distinction entre arbitrage interne et arbitrage international, cet élément n'est pas opératoire en médiation, dès lors que la question du droit applicable au fond ne se pose pas : le médiateur se borne à prêter ses bons offices aux parties. À partir de là, l'on comprend aisément pourquoi la distinction entre médiation interne et médiation internationale présente un intérêt limité. L'unité du régime juridique de la médiation dans l'espace OHADA implique que l'Acte uniforme s'applique indifféremment à la médiation internationale et à la médiation interne. C'est d'ailleurs la solution retenue également en matière d'arbitrage OHADA[117]. Pour des raisons de cohérence, il est donc normal d'affirmer que l'AUM s'applique à toute médiation.

Section III : La médiation judiciaire et la médiation arbitrale

74. L'article 2 de l'AUM précise les formes de médiation exclues de son champ d'application. Sont notamment visés les « (…) cas dans lesquels un juge ou un arbitre, pendant une instance judiciaire ou arbitrale, tente

[117] Sur la question, lire P. MEYER, *op. cit.*, p. 38 et s.

de faciliter un règlement amiable directement avec les parties ». Par cette disposition, le législateur écarte toute forme d'hybridation entre la médiation et, d'une part, l'arbitrage, et d'autre part, une procédure judiciaire.

Il arrive en effet, au cours d'une procédure judiciaire ou d'arbitrage, que les parties sollicitent le juge ou l'arbitre[118] afin qu'il leur prêter ses bons offices pour les aider à parvenir à un accord amiable. Une telle intervention, parce qu'elle s'inscrit dans le cadre de la conduite de l'instance, ne relève pas du régime de la médiation organisé par l'Acte uniforme OHADA relatif à la médiation. Dans ce contexte, ce dernier n'a donc pas vocation à s'appliquer.

75. Il a toujours existé une relation d'opposition entre la médiation et l'arbitrage[119]. Cette opposition de principe repose sur le fait que l'arbitrage constitue une forme de justice, alors que la médiation n'en est pas une. L'arbitrage est un mode juridictionnel par lequel un tribunal arbitral tranche le litige qui oppose les parties en rendant une sentence contraignante, tandis que la médiation est un procédé amiable au cours duquel les parties, avec l'aide d'un tiers, cherchent à mettre fin à leur différend de manière consensuelle.

À la lumière de ces considérations, il serait incongru de confondre les rôles du médiateur et de l'arbitre, et, par conséquent, de créer une hybridation entre médiation et arbitrage[120]. Les deux procédures demeurent ainsi strictement autonomes. Le choix de la médiation plutôt que de l'arbitrage entraîne également des conséquences

[118] Dans l'arbitrage, lorsque les parties trouvent une solution à leur différend en pleine instance, elles peuvent demander à l'arbitre de la concilier dans une sentence qu'on appellera sentence d'accord parties. Sur la question, lire J.M. TCHAKOUA., « Le statut de la sentence arbitrale d'accord parties : les limites d'un déguisement bien utile », *Juridis*, n° 51, p. 80.

[119] L. MAYAUX, « les relations entre médiation et arbitrage en matière d'assurance », *RGDA*, n° 1, 2012, p. 169 et s.

[120] N. AKA, A. FENEON et J-M. TCHAKOUA, *op. cit.*, p. 296.

pratiques : les parties optent pour la médiation afin qu'un tiers facilite leur rapprochement et les aide à conclure un accord, contrairement à l'arbitrage où l'arbitre exerce une mission juridictionnelle.

Le passage d'un tiers de la fonction de médiateur à celle d'arbitre dans une même affaire soulève des risques importants. En effet, ce dernier pourrait disposer d'informations confidentielles sur le litige et sur chacune des parties, susceptibles d'influencer sa décision finale[121]. Une telle situation pourrait justifier une demande en récusation pour manque d'impartialité ou une demande en annulation de la sentence pour violation du principe du contradictoire, notamment si l'arbitre a eu des entretiens séparés avec les parties[122].

Néanmoins, la succession des deux processus est admise. Il est possible que les parties prévoient le règlement de leur différend d'abord par voie de médiation, puis, en cas d'échec, par voie d'arbitrage.

76. Dans le cadre d'une instance judiciaire ou arbitrale, il peut arriver que le juge ou l'arbitre considère que l'affaire se prête à une médiation. Dans ce cas, il lui est possible de proposer aux parties de recourir à ce mécanisme amiable. Par ailleurs, la demande de médiation peut également émaner directement de l'une ou des deux parties au litige. Dès lors que l'accord des parties est obtenu, le juge rend une décision ordonnant la médiation, laquelle constitue une mesure d'administration de la justice. Cette décision, généralement matérialisée par une ordonnance, n'est pas susceptible de recours.

La médiation qui résulte de cette décision est qualifiée respectivement de médiation judiciaire ou de médiation arbitrale, selon qu'elle est initiée dans le cadre d'une juridiction étatique ou d'un tribunal arbitral. La question de l'application de l'Acte uniforme OHADA relatif à la

---

121 *Idem.*

122 *Idem.*

médiation à ce type de médiation se pose alors. Bien que l'article 2, relatif au champ d'application, ne règle pas expressément cette question, l'article 1er apporte un élément de réponse. Il y est précisé que « la médiation peut être mise en œuvre par les parties (médiation conventionnelle), sur demande ou invitation d'une juridiction étatique (médiation judiciaire), d'un tribunal arbitral ou d'une entité publique compétente ».

Il en découle que l'AUM s'applique également lorsque la médiation est engagée à l'invitation du juge ou de l'arbitre, englobant ainsi la médiation judiciaire et la médiation arbitrale. Cette interprétation reflète la vocation de l'AUM à encadrer l'ensemble des processus de médiation dans l'espace OHADA, indépendamment de la nature judiciaire ou arbitrale de leur initiation, et traduit la volonté du législateur OHADA d'assurer l'unité et la cohérence du régime juridique de la médiation.

TITRE II

LA MISE EN ŒUVRE DE LA MÉDIATION

77. Pour mettre en œuvre la médiation OHADA, il doit exister au préalable une convention de médiation (**Chapitre I**) et un médiateur doit être désigné (**Chapitre II**).

CHAPITRE I
L'EXISTENCE D'UNE CONVENTION DE MEDIATION

78. Lorsque les parties décident elles-mêmes de recourir à la médiation, une convention[123] ou une clause[124], que l'on peut désigner de manière générique comme un accord de médiation, doit appuyer leur démarche : il s'agit alors d'une médiation conventionnelle[125]. Cet accord peut prendre la forme soit d'une clause de médiation, soit d'un compromis de recours à la médiation, selon qu'il a été conclu avant ou après la naissance du litige. Dans tous les cas, un accord doit constituer le fondement de la médiation. C'est d'ailleurs pourquoi l'article 4, alinéa 2, de l'AUM précise que « *si, en l'absence de convention, la partie qui a invité une autre partie à la médiation n'a pas reçu d'acceptation de son invitation écrite dans les quinze (15) jours de la date de réception de l'invitation ou à l'expiration de tout autre délai qui y est spécifié, elle peut considérer l'absence de réponse comme un rejet de l'invitation à la médiation* ».

En revanche, lorsque la médiation est engagée à la demande ou sur invitation d'une juridiction étatique (médiation judiciaire), d'un tribunal arbitral ou d'une entité

---

123 L'article 4 de l'AUM indique d'ailleurs que « *la procédure de médiation débute le jour où la partie la plus diligente met en œuvre toute convention de médiation écrite ou non* ».

124 La clause de médiation se définit comme une disposition contractuelle prévoyant de recourir, en cas de difficulté et préalablement à la saisine du juge ou de l'arbitre, à la procédure de médiation. En souscrivant à cette clause, les parties s'obligent donc à engager un processus de résolution conventionnelle du conflit, en cas de survenance de celui-ci.

125La médiation conventionnelle se distingue de la médiation judiciaire. Toutefois comme dans la médiation conventionnelle, la liberté et le consentement des parties sont impératifs pour le déroulement d'une médiation judiciaire. L'accord des parties peut revêtir toute forme (écrit ou oral).

publique compétente, l'existence d'une convention écrite n'est pas requise : il suffit que les parties consentent à la proposition qui leur est faite

L'analyse portera donc principalement sur la médiation conventionnelle, laquelle suppose un accord de médiation valide (**Section I**), dont seront successivement étudiées la portée (**Section II**), la force normative (**Section III**) et l'indépendance (**Section IV**).

Section I : La validité de l'accord de médiation

79. L'accord de médiation est avant tout un contrat[126]. À ce titre, il doit respecter les conditions générales de validité. Son objet porte sur l'organisation du règlement d'un différend né ou à naître et permet, de ce fait, aux parties de déroger à la compétence de la juridiction étatique normalement compétente. Alors que le droit de l'arbitrage utilise deux termes — le compromis d'arbitrage et la clause compromissoire — pour désigner les formes que peut revêtir la convention d'arbitrage, l'Acte uniforme OHADA relatif à la médiation retient, quant à lui, le terme générique de *convention de médiation*. On aurait pu, de manière analogue, parler de clause de médiation et de compromis de médiation.

Le législateur OHADA a sans doute estimé que cette distinction était dépourvue d'intérêt pratique, les deux formes étant soumises au même régime juridique[127].

Dans tous les cas, la convention de médiation doit être valable tant sur le plan substantiel (**Paragraphe 1**) que sur le plan formel (**Paragraphe 2**).

---

[126] N. FRICERO, « Médiation et contrat », *AJ contrat* 2017, p. 356.

[127] Il convient de préciser qu'en ce qui concerne l'arbitrage OHADA, seul le Traité fait cette distinction, tandis que l'Acte uniforme relatif au droit de l'arbitrage ne le fait pas et utilise le terme générique de convention d'arbitrage pour les désigner. Les rédacteurs de l'Acte uniforme relatif à la médiation ont donc suivi la logique de l'Acte uniforme relatif à l'arbitrage.

Paragraphe 1 : La validité substantielle

80. La médiation est un mode amiable de règlement des différends, fondé sur la volonté des parties. Elle ne peut être mise en œuvre que si celles-ci ont manifesté un consentement valable, lequel doit satisfaire aux conditions de validité du contrat. Le consentement doit être libre et intègre. Le droit commun des contrats permet d'identifier le régime des vices du consentement applicable à la convention de médiation. En effet, ce droit enseigne que le consentement résulte de la rencontre de deux ou plusieurs volontés en vue de former un contrat. Toutefois, si l'engagement de l'une des parties est entaché d'un vice, le contrat encourt la nullité. Il en va ainsi de la convention de médiation : un vice du consentement peut en entraîner l'annulation. Le consentement des parties à la médiation doit donc être exempt de tout vice. À cet égard, trois hypothèses permettent à une partie de revenir sur son engagement : l'erreur, le dol et la violence[128]. Ce sont les vices classiques du consentement.

81. Il y a erreur lorsque l'une des parties s'est trompée sur l'un des éléments essentiels du contrat[129]. Une partie peut ainsi revenir sur son engagement si l'erreur porte sur la nature du contrat. Il en est ainsi lorsque l'une des parties pensait signer une convention de médiation, alors que l'autre croyait plutôt à la convention d'arbitrage. Il convient de signaler que l'erreur sur une qualité substantielle de la chose échangée, c'est-à-dire une qualité fondamentale qui a motivé la signature du contrat sera difficilement retenue dans la mesure où l'objet de la convention de médiation ne porte pas sur les choses échangées entre les parties, mais plutôt sur la mise en place d'un mécanisme de règlement de différend. La convention de médiation a donc un objet procédural.

---

128 Art. 1109 du Code civil.
129 Art. 1110 du Code civil.

82. De même, l'erreur sur la personne, même lorsque ses qualités sont déterminantes pour le contrat, ne peut être retenue pour la simple raison qu'avant de décider de recourir à la médiation, les parties se connaissent généralement déjà, dans la mesure où elles entretiennent une relation d'affaires.

83. Le dol est une erreur provoquée par des manœuvres frauduleuses émanant de l'autre partie[130]. Ces manœuvres, entendues au sens large, doivent être accomplies avec l'intention de tromper. Il n'y a donc pas dol lorsque l'une des parties communique à son cocontractant des renseignements inexacts par simple négligence ou ignorance. L'application du dol à la médiation apparaît toutefois délicate. En effet, l'esprit amiable qui préside à la démarche de médiation rend difficilement concevable l'existence de manœuvres frauduleuses dans la formation de la convention de médiation.

84. En revanche, la violence peut être retenue comme un vice du consentement sérieux, susceptible d'entraîner la nullité de la convention de médiation. Il y a violence lorsque le consentement a été obtenu sous la contrainte[131]. Celle-ci peut être physique (par exemple, la main forcée lors de la signature de la convention de médiation) ou morale (chantage, menaces, pressions diverses). Elle peut être exercée directement sur la partie que l'on entend contraindre, ou sur un membre de sa famille ou un proche. Les tribunaux admettent également la violence lorsque l'une des parties exploite abusivement la situation de précarité financière de l'autre pour la pousser à conclure un contrat : il s'agit de la violence dite « économique »[132].

---

130 Art. 1116 du Code civil.

131 Voir les articles 1111 à 1115 du Code civil.

132 Civ. 1er, 18 février 2015, n° 13-28. 278, D. 2015, p. 432 ; *D.* 2016, p. 566, obs. M. MEKKI; *ACJA* 2015, p. 221, obs. L. PEDRIX ; *RTD Civ.* 2015, p. 371, obs. H. BARBIER. Sur la violence économique, lire

De telles situations conduisent inexorablement à une de médiation forcée. Or, comme en arbitrage[133], la médiation forcée est prohibée. Il peut ainsi y avoir médiation forcée lorsque l'adhésion à une convention de médiation est érigée en condition d'accès à un service ou à un avantage, ou lorsqu'un refus est assorti d'une sanction.[134].

Dans le premier cas, on peut citer l'exemple d'une médiation imposée par voie testamentaire : l'héritier ou le légataire ne peut échapper à l'obligation de médiation qu'en renonçant au bénéfice du testament. Le second cas peut être illustré par la situation d'un professionnel menacé d'exclusion de sa corporation s'il refuse d'intégrer une clause de médiation dans ses conditions générales, conformément aux recommandations de celle-ci. Il en va de même du footballeur qui serait privé de compétition s'il n'adhérait pas à la clause de médiation insérée dans les statuts de sa fédération sportive.

Paragraphe 2 : La validité formelle

85. Le formalisme désigne les procédés d'extériorisation de la volonté exigés par la loi pour assurer à l'acte son efficacité[135]. Contrairement à l'Acte uniforme relatif au droit de l'arbitrage, qui précise la forme de la convention d'arbitrage[136], l'AUM est resté muet en ce qui concerne la

---

C. GALVADA-MOULETAT, « La violence économique et le droit de la consommation. L'abus de faiblesse », in Y. PICOD et D. MAZEAUD (dir.), *La violence économique A l'aune du nouveau droit des contrat et du droit économique*, Thèmes et commentaires, Paris Dalloz, 2017, p. 76 ; YACOUBA-SYLLA KOITA, « La violence économique dans l'espace OHADA », *RIDE*, 2020/3, pp. 297 à 318.

133 Ousmane DIALLO, *Le consentement des parties à l'arbitrage international*, Graduate Institute Publications, 2010, p. 67.

134 *Idem.*

135 P. MEYER, *op. cit.*, p. 107.

136 L'article 3 de cet Acte uniforme relatif au droit de l'arbitrage indique que la convention d'arbitrage doit être faite par écrit, ou par tout autre moyen permettant d'en administrer la preuve.

convention de médiation. Il est alors vraisemblable que le législateur OHADA ait opté pour le principe du consensualisme en matière de convention de médiation. Cela se vérifie d'autant plus que l'article 4 de l'AUM dispose que : « *La procédure de médiation débute le jour où la partie la plus diligente met en œuvre toute convention de médiation, écrite ou non* ».

86. L'écrit n'est donc pas exigé pour la validité de la convention de médiation comme c'est le cas en droit français en ce qui concerne la convention d'arbitrage. l'article 1443 du CPC dispose à cet effet que « *à peine de nullité, la convention d'arbitrage est écrite. Elle peut résulter d'un échange d'écrits ou d'un document auquel il est fait référence dans la convention principale* ». Les parties disposent ainsi d'une liberté totale sur la forme de leur convention.

Plus loin, l'AUM prévoit une forme de médiation sans convention appelée « médiation sur invitation ». En effet, l'article 4 de l'AUM précise que : « *Si, en l'absence de convention, la partie qui a invité une autre partie à la médiation n'a pas reçu d'acceptation de son invitation écrite dans les quinze (15) jours de la date de réception de l'invitation ou à l'expiration de tout autre délai qui y est spécifié, elle peut considérer l'absence de réponse comme un rejet de l'invitation à la médiation* ».

87. Tout compte fait, la convention de médiation écrite peut prendre plusieurs formes. Elle peut être insérée dans le contrat principal (clause de médiation) ou figurer dans un document distinct. Dans la première hypothèse, les parties précisent directement dans le contrat que tout différend relatif à la validité, à l'interprétation ou à l'exécution de celui-ci sera soumis à la médiation : la clause de médiation fait alors partie intégrante du contrat principal. Dans la seconde hypothèse, les parties peuvent renvoyer à un document séparé du contrat principal : il s'agit de la convention de médiation par référence. La convention de médiation peut ainsi résulter d'un échange de correspondances ou d'un renvoi à d'autres contrats ou à des conditions générales contractuelles. En pratique, dans les contrats d'adhésion, les parties se réfèrent souvent à un ensemble de règles issues d'usages parfois codifiés. De ce fait, leur contrat ne comporte que les conditions particulières de leur opération, les conditions générales régissant le reste. Ces conditions générales peuvent contenir une clause de médiation qui s'impose à elles le moment venu.

Sous un angle plus classique, l'admission de la clause de médiation par référence s'inscrit dans le régime général de l'expression tacite de la volonté contractuelle, fondée sur la recherche de la volonté réelle des parties, cette dernière pouvant être déduite d'un comportement manifestant la volonté que l'on entend en tirer[137].

88. Le principe du consensualisme paraît bien adapté aux relations d'affaires. Toutefois, il convient d'en atténuer la portée, car si l'écrit n'est pas exigé pour la conclusion d'une convention de médiation, il demeure nécessaire de disposer d'un moyen permettant d'en administrer la preuve. La question se pose d'autant plus qu'une partie peut ne pas être de bonne foi, et qu'il faudra rapporter la preuve de l'existence de la convention de médiation pour la lui opposer. Une simple convention verbale sera, dans ce cas, difficile à établir. Cette situation peut d'ailleurs être préjudiciable lors d'une demande de médiation, la partie à l'initiative de celle-ci devant être en mesure de démontrer l'existence d'une clause de médiation. À cet égard, l'article 7.1 du Règlement du Centre de médiation et d'arbitrage du GICAM dispose que le centre est saisi du différend par une demande formulée par la partie la plus diligente et qui mentionne : « *(...) L'existence ou pas d'une clause de médiation* ». Il est donc évident que, si cette clause existe, il faudra être en mesure d'en rapporter la preuve.

[137]D. VIDAL, *Droit français de l'arbitrage interne et international*, Lextenso, 2012, p. 40.

Section II : La portée du consentement

89. Dans certains cas, il est difficile de se prononcer sur la réelle portée du consentement. Cette incertitude concerne tant sa portée *rationae personae* (¨**Paragraphe 1**), que sa portée *rationae matériae* (**Paragraphe 2**).

Paragraphe 1 : La portée *rationae personae*

90. L'identification des parties à la convention de médiation est essentielle, puisqu'elle permet de déterminer avec exactitude les personnes effectivement liées, c'est-à-dire celles qui ont réellement donné leur consentement. Sur ce point, le droit commun des contrats apporte un début de réponse : sont parties celles qui ont personnellement participé à la conclusion de la convention ou qui y ont été représentées. Il s'agit donc ici d'identifier les personnes ayant consenti à la médiation[138].

En principe, doivent être considérées comme parties celles dont on peut déduire la volonté d'être liées par la clause de médiation[139]. A cet égard, un critère simple pourrait être tiré de la signature de l'acte contenant la clause de médiation[140]. Toutefois, ce critère apparaît limité, dans la mesure où l'AUM n'exige pas, quant à la forme de la convention, un document écrit, *a fortiori* un document signé. S'y fier exclusivement reviendrait à confondre l'expression du consentement avec une forme que la loi ne requiert pas. Ce critère est donc trop rigide : il risque, d'une part, d'exclure des personnes ayant effectivement consenti à la médiation et, d'autre part, de lier des personnes qui n'y ont pas consenti.

---

138 Il ne s'agit pas ici d'étudier les conventions de médiation conclues par des mandataires ou plus généralement conclues par des mécanismes de représentation. Dans ce cas lorsque le mandataire aura formellement reçu le pouvoir d'agir pour le mandant, ce dernier sera le seul concerné par la convention de médiation.

139 P. MEYER, *op. cit.*, p. 124.

140 *Idem.*

91. Les difficultés de détermination des parties surgissent de manière plus évidente lorsque la convention de médiation a été stipulée pour autrui. On peut, à cet égard, citer le contrat de transport de marchandises dans lequel une clause de médiation est stipulée au profit du destinataire. Dans une telle situation, nous estimons que le destinataire ne sera engagé par cette clause que s'il l'accepte. Les parties à la clause de médiation seront donc le transporteur et l'expéditeur, le destinataire étant exclu. Qu'adviendra-t-il alors si le destinataire refuse ladite clause de médiation ? Sera-t-elle efficace ? Nous pensons qu'en cas de refus du destinataire, de la clause de médiation devient caduque.

92. Les difficultés les plus graves résultent des contrats particulièrement complexes qui impliquent plusieurs personnes, depuis la phase négociation jusqu'à la conclusion et à l'exécution[141]. Dès lors que de simples négociations n'engagent pas, aucune personne ne peut être tenue par une convention de médiation au seul motif qu'elle a participé aux négociations. La situation devient plus complexe lorsqu'une personne qui n'a pas signé la convention se retrouve aux côtés de l'une des parties dans l'exécution du contrat comportant la clause de médiation.

La question s'était posée à propos d'une clause compromissoire dans le cadre d'un arbitrage. La jurisprudence en a décidé que : « *les effets de la clause compromissoire s'étendent aux parties directement impliquées dans l'exécution du contrat dès lors que leur situation et leurs activités font présumer qu'elles avaient la connaissance de l'existence et de la portée de cette clause* »[142]. Cette solution peut bien s'appliquer dans la médiation.

---

[141] En ce qui concerne la convention d'arbitrage, lire P-G POUGOUE, J-M TCHAKOUA et A. FENEON, *Droit de l'arbitrage dans l'espace OHADA*, *op. cit.*, p. 58.

[142] Paris 7 déc. 1994, Jaguar, *RTD Com.* 1995, 401.

93. Cette solution milite en faveur de l'extension des effets de la clause de médiation dans les groupes de sociétés. Lorsqu'une société appartenant à un groupe consent à une convention de médiation, il convient de se demander si l'effet obligatoire de celle-ci ne s'applique qu'à cette société ou si, au contraire, il peut également obliger d'autres sociétés du groupe. La difficulté réside dans le fait que l'Acte uniforme OHADA relatif aux sociétés commerciales et du groupement d'intérêt économique, bien qu'il reconnaisse l'existence des groupes de sociétés, n'en a pas défini de manière exhaustive le régime juridique[143]. En effet, ce texte ne s'est borné qu'à définir le contrôle, comme élément constitutif du groupe, sans trancher la question de son unité au plan juridique[144].

Dans cette configuration, l'indépendance des différentes sociétés du groupe est souvent relative, et parfois simplement apparente. C'est pourquoi certains auteurs ont proposé, en droit de l'arbitrage, une solution que nous jugeons tout à fait opérationnelle en matière de médiation.

Selon eux, « *l'unité stratégique qui est à la base du groupe pourrait interdire qu'un membre du groupe étant intervenu à un niveau ou l'autre de l'opération fasse valoir qu'il ignorait l'existence de la clause compromissoire* »[145].

Toutefois, la volonté d'une société du groupe devrait être démontrée ; à défaut, on aboutirait à une forme de médiation forcée. Cette volonté peut notamment être caractérisée par le rôle joué par la société du groupe dans la négociation, la conclusion, l'exécution ou la résiliation du contrat contenant la clause de médiation.

---

[143] Sur la question, lire, A. FENEON, *Droit des sociétés en Afrique (OHADA)*, LGDJ, 2015, p. 511 et s.

[144] P. MEYER, *op. cit.*, p. 125.

[145] P-G POUGOUE, J-M TCHAKOUA et A. FENEON, *op. cit*, p. 58.

Cette solution a d'ailleurs été retenue en arbitrage dans une affaire opposant une société française à un groupe de sociétés américain. Pour les arbitres, « *La clause compromissoire expressément acceptée par certaines sociétés du groupe, doit lier les autres sociétés qui, par le rôle qu'elles ont joué dans la conclusion, l'exécution ou la résiliation des contrats contenant lesdites clauses, apparaissent selon la commune volonté de toutes les parties à la procédure, comme ayant été de véritables parties à ces contrats ou comme étant concerné au premier chef par ceux-ci, et par les litiges qui peuvent en découler* »[146].

94. La portée de la clause de médiation peut également soulever des difficultés en cas de substitution des parties au contrat qui la comporte. Il y a substitution lorsqu'il y a circulation de la clause de médiation par l'effet d'une transmission. La question est alors de savoir si la clause de médiation se transmet lors de la circulation du contrat qui la contient. En principe, étant un accessoire du contrat, l'on pourrait penser qu'elle suit le principal, conformément à la maxime « l'accessoire suit le principal ». Toutefois, il ne faut pas perdre de vue que la clause de médiation a un objet procédural visant à soumettre à la médiation tout ou partie des litiges susceptibles de naître du contrat.

Son objet spécifique suffit à consacrer son autonomie. Dès lors, en cas de transmission du contrat principal, le cessionnaire conserve la faculté de s'opposer ou non à l'application de la clause de médiation.

Paragraphe 2 : La portée *rationae materiae*

95. La détermination de la portée exacte d'une convention de médiation suppose parfois que l'on s'interroge non plus sur les parties concernées, mais sur la matière que celles-ci ont accepté de voir traiter par voie de médiation. Il s'agit alors d'identifier ce que les parties ont réellement entendu soumettre à la médiation. En effet, il

[146] Sentence CCI, n° 4131 (1982), *J.D.I.*, 1983, p. 899, obs. Y. DERRAINS, *rev. arb.* 1984, p. 115. Affaire Société française ST Gaubain C/ Dox Chemichal Group.

ne faut pas oublier que plusieurs types de différends peuvent naître dans leurs relations, et il sera important de déterminer si elles ont souhaité soumettre l'ensemble de ceux-ci à la médiation[147].

La question se pose dans la mesure où la médiation repose sur la volonté des parties : le médiateur ne peut connaître *rationae materia* que des litiges qu'elles ont accepté de lui confier. De manière générale, les clauses de médiation les plus simples sont celles qui soumettent tous les différends nés ou pouvant naître du contrat en cause. Dans ce cas, les litiges relatifs à la validité, à l'interprétation ou à l'exécution du contrat sont tous compris.

En revanche, lorsqu'une clause de médiation est stipulée sans définition précise d'un type de différend, comment déterminer les litiges soumis au médiateur ? Il faut considérer que tous les différends éventuels nés du contrat pourront lui être soumis. Sont donc inclus les différends portant sur la validité, l'interprétation et l'exécution du contrat.

96. L'autre difficulté liée à la portée *rationae materiae* du consentement concerne les groupes de contrats. Lorsque plusieurs contrats apparaissent liés en raison de leur objet ou des parties qui les ont conclus, et que seuls certains d'entre eux comportent une clause de médiation, il convient de se demander si la volonté des parties a été ou non de soumettre à la médiation les différends susceptibles de naître à l'ensemble contractuel. Pour résoudre cette difficulté, il faut distinguer selon que les contrats concourent à la réalisation d'une même opération ou qu'il s'agit de contrats successifs passés entre les mêmes parties[148].

---

[147] Il peut s'agir du contentieux de la validation, de l'interprétation ou de l'exécution.

[148] P-G POUGOUE, J-M TCHAKOUA et A. FENEON, *op. cit*, p. 58.

97. S'agissant de la première catégorie, il convient de distinguer trois hypothèses. La première est celle dans laquelle seul le contrat de base contient une clause de médiation à laquelle tous les autres contrats de l'opération se réfèrent. Dans ce cas, la volonté des parties est claire : elles ont entendu soumettre à la médiation l'intégralité des différends susceptibles de naître de l'ensemble contractuel[149].

La deuxième hypothèse est celle dans laquelle chacun des contrats concourant à la réalisation de l'opération contient une clause de médiation distincte. Dans ce cas, aucune difficulté ne se présente : les parties ont entendu recourir à la médiation dans le cadre de chacun des contrats du groupe.

La troisième hypothèse concerne le groupe de contrats dans lequel certains contrats concourant à la même opération ne comportent pas de clause de règlement des différends à naître. La difficulté réside alors dans la possibilité d'étendre la clause de médiation d'un contrat à un autre qui en est dépourvu. La question s'est posée en droit de l'arbitrage, et les juges ont admis cette extension[150].

98. En ce qui concerne les contrats successifs passés entre les mêmes parties, il arrive que des parties entretenant des relations d'affaires habituelles concluent successivement une série de contrats de même nature ou de nature similaire, et que l'un de ces contrats ne comporte pas de clause de médiation alors que les contrats précédents prévoyaient le recours à la médiation. Pour résoudre cette difficulté, il convient d'analyser les habitudes des parties dans le cadre de leurs relations d'affaires. Si celles-ci avaient l'habitude de prévoir la médiation dans leurs relations, il est normal que cette

[149] Sur la question en ce qui concerne la convention d'arbitrage, voir Ph. FOUCHARD, E. GAILLARD et B. GOLDMAN, *Traité de l'arbitrage commercial international*, Litec, 1996, p. 318.
[150] Paris, 28 fév. 1992, *Rev. arb.*, 1992.649, Obs. D. Cohen, p. 50.

clause s'étende aux contrats ultérieurs. Cela suppose toutefois qu'une véritable pratique puisse être établie entre les parties.

Section III : La force normative de la convention de médiation

99. La convention de médiation est l'acte par lequel les parties s'engagent à résoudre leur litige, né ou à naître, avec l'assistance d'un médiateur, et non devant les juridictions étatiques ou par voie d'arbitrage. Ainsi, positivement, elle fait obligation aux parties de respecter cet engagement (**Paragraphe 1**) et, négativement, elle leur interdit de saisir les juridictions étatiques ou de recourir à l'arbitrage pour le règlement des différends visés par la convention de médiation. Dans ce cas, les juges et les arbitres se trouvent confrontés à un devoir d'abstention (**Paragraphe 2**).

Paragraphe 1 : La force obligatoire de la convention de médiation

100. La convention de médiation est l'« acte de naissance » de la procédure de médiation, du moins s'agissant de la médiation conventionnelle ; elle constitue l'acte par lequel les parties décident de recourir à la médiation plutôt qu'à la justice étatique, normalement compétente. La primauté de la juridiction étatique et la notoriété de l'arbitrage peuvent, de ce fait, entraver l'efficacité de la médiation. D'ailleurs, les modes alternatifs de règlement des différends, de manière générale, ont longtemps été en quête de légitimité[151].

Or, si les parties ont conclu une convention de médiation, c'est parce qu'elles entendent soustraire leur

---

151 Pour l'arbitrage, lire OPPETIT (B.), *Théorie de l'arbitrage*, *op. cit.*, p. 19 et s. ; L. GOUIFFES, « L'arbitrage international propose-t-il un modèle original de justice ? », *in Recherche sur l'arbitrage international et comparé*, LGDJ, Paris, p. 18 et s.

litige à la juridiction étatique ainsi qu'à l'arbitrage. C'est sur cette sphère de compétence, proche de la notion de juridiction, que la convention de médiation produit ses effets, en retirant certains litiges de la connaissance des tribunaux nationaux.

101. L'obligation faite aux parties de déférer au médiateur les litiges visés par la convention de médiation constitue la pierre angulaire de ce mode amiable de règlement des différends. Elle permet à la convention de médiation de réaliser son objet et, ce faisant, de mettre en œuvre la commune volonté des parties. Cela est d'autant plus vrai qu'une partie pourrait être tentée d'utiliser des moyens dilatoires, soit pour retarder la procédure, soit pour se soustraire à la médiation tout simplement.

Ainsi, la force obligatoire de la convention de médiation découle du principe universellement admis de *pacta sunt servanda.* Seules les parties peuvent conjointement renoncer à leur engagement de recourir à la médiation. Bien que l'AUM n'ait apporté aucune précision sur la révocation unilatérale, contrairement au CIRDI pour son système d'arbitrage[152], la solution peut être tirée du droit commun des contrats, dans lequel la révocation unilatérale est prohibée. En effet, selon l'article 1134 du Code civil « *Les conventions légalement formées tiennent lieu de loi à ceux qui les ont faites. Elles ne peuvent être révoquées que de leur consentement mutuel, ou pour les causes que la loi autorise* ».

Il s'agit d'une règle matérielle du droit de la médiation que nul système juridique ne peut ignorer. Ainsi, la partie qui a donné son consentement dans une convention est tenue de coopérer pleinement à son exécution.

102. L'efficacité de la médiation dépend donc de l'efficacité de la convention de médiation. Si aucune disposition n'est prise pour garantir le respect de la volonté

---

[152] En effet, aux termes de l'article 25 al. 1 de la convention CIRDI, « *lorsque les parties ont donné leur consentement, aucune d'elles ne peut le retirer unilatéralement* ».

des parties de voir leur différend résolu par le ou les médiateurs, au détriment de la juridiction étatique ou de l'arbitrage, la médiation resterait fragile et son image en serait ternie. Bien que l'AUM soit silencieux sur ce point, il va de soi que la convention de médiation s'impose aux parties en vertu du principe de la force obligatoire des conventions. Il s'agit d'une règle matérielle du droit de la médiation que nul système juridique ne peut ignorer. Ainsi, la partie qui a donné son consentement dans une convention est tenue de coopérer pleinement à son exécution.

103. Qu'adviendrait-il si une partie refusait d'exécuter la convention de médiation ? Pourrait-on envisager une exécution en nature ou l'octroi de dommages et intérêts tels que prévus par le Code civil ? En effet, selon ce code, « toute *obligation de faire ou de ne pas faire se résout en dommages et intérêts en cas d'inexécution de la part du débiteur* »[153]. Le principe posé par ce texte est le refus de l'exécution forcée du contrat. L'exécution forcée est donc inadmissible en médiation, eu égard à l'esprit amiable de ce mode alternatif de règlement des différends.

Autrement dit, la convention de médiation, bien qu'elle impose aux parties de recourir à la médiation, ne peut donner lieu à une exécution forcée.

104. De même, peut-on considérer la signature de la convention de médiation constitue une renonciation par l'Etat de se prévaloir de son propre droit ? L'AUM n'a pas prévu de disposition à cet égard, contrairement à l'Acte uniforme relatif au droit de l'arbitrage. Selon l'article 2 alinéa dudit Acte, *« Les Etats, les autres collectivités publiques territoriales, les établissements publics et toute autre personne morale de droit public peuvent également être parties à un arbitrage, quelle que soit la nature juridique du contrat, sans pouvoir invoquer leur*

153 Article 1142 du Code civil.

propre droit pour contester l'arbitrabilité d'un différend, leur capacité à compromettre ou la validité de la convention d'arbitrage ».

Cette solution est transposable à la médiation afin d'assurer l'efficacité de ce mode alternatif de règlement des différends. Il en découle que l'État renonce à se prévaloir de son propre droit pour contester la médiation.

105. La question peut également se poser sous un autre angle, celui de l'immunité de juridiction des États et des personnes morales de droit public. Après avoir accepté une clause de médiation, un État ou un organisme public bénéficiant de l'immunité de juridiction est-il fondé à se prévaloir de cette immunité pour s'opposer au déroulement de la médiation ?

Une chose est certaine : la compétence du médiateur pour connaître des litiges impliquant des États ou des organismes publics ne pose pas de problème, car, selon l'article 1er de l'AUM, la médiation les concerne. Sa compétence n'est donc pas remise en cause si l'entité publique a renoncé à son immunité de juridiction, étant entendu que les bénéficiaires de cette immunité peuvent y renoncer[154]. La clause de médiation qui contredirait directement l'immunité s'analyse nécessairement comme une renonciation de l'État ou de l'organisme public à son immunité de juridiction[155].

Par ailleurs, l'immunité de juridiction ne fait pas obstacle à la médiation, dans la mesure où le médiateur n'est pas un juge.

Paragraphe 2 : L'obligation d'abstention du juge et de l'arbitre

106. L'efficacité de la médiation implique une obligation d'abstention du juge étatique ou de l'arbitre

---

[154] I. PINGEL, Les immunités des Etats en droit international, Thèse Paris I, 1993, n° 63 et s. et 279 et s.

[155] Ph. FOUCHARD, E. GAILLARD, B. GOLDMAN, *op. cit.*, p. 405.

lorsqu'un différend a été convenu par les parties pour être réglé par voie de médiation. Ceux-ci doivent, en principe, se dessaisir et renvoyer les parties à la médiation.[156].. C'est pourquoi les relations de compétence et d'incompétence entre médiation, arbitrage et juridiction étatique doivent être définies avec soin[157].

Le conflit peut être important, sachant que les juridictions étatiques sont « naturellement » compétentes pour connaître de tous les litiges relevant de leur ordre juridique. Si les parties ont choisi de recourir à la médiation pour régler leur différend, c'est parce qu'elles souhaitent échapper aux « dérives » de la justice étatique et à la rigueur de l'arbitrage[158]. Les systèmes juridiques doivent donc veiller à ce que la volonté des parties de résoudre leur litige par médiation soit respectée et mise en œuvre efficacement.

Ainsi, l'efficacité de ce mode alternatif de règlement des différends (MARD) commande que les juges étatiques et les arbitres se déclarent prématurément incompétents en présence d'une convention de médiation. Dans ce cas, la convention produira pleinement ses effets. Ce principe, admis depuis longtemps, est aujourd'hui incontesté, tant par les législations que par la jurisprudence.

107. L'article 15 de l'AUM l'a consacré en ces termes : « *Lorsque les parties sont convenues de recourir à la médiation et se sont expressément engagées à n'entamer, pendant une période donnée ou jusqu'à la survenance d'un événement spécifié, aucune procédure arbitrale ou judiciaire relative à un différend déjà né ou qui pourrait naître ultérieurement, il est donné effet à cet engagement par le*

---

156 V. dans ce sens R. SOCKENG, « Les effets de la convention d'arbitrage en droit camerounais », *Rev. cam. arb.* n°4, 1999, p.11.

157 J.C FERNANDEZ ROZAS, «Le rôle des juridictions étatiques devant l'arbitrage commercial international», disponible sur le site www.eprints.ucm.es/6963/1., p. 67. (Site consulté le 12/11/2024).

158 L'arbitre est investi d'une mission juridictionnelle, alors que ce n'est pas le cas pour le médiateur.

tribunal arbitral ou la juridiction étatique jusqu'à ce que les conditions dont il s'accompagne aient été satisfaites». Cette disposition, en renforçant la force obligatoire de la convention de médiation, implique implicitement le devoir d'abstention du juge et de l'arbitre. L'existence d'une telle clause de médiation préalable, valablement formée, peut être invoquée pour contester la recevabilité de l'action devant le juge ou l'arbitre saisi, jusqu'à épuisement de la procédure de médiation[159].

Cependant, le juge et l'arbitre ne peuvent, de leur propre initiative, tirer les conséquences de l'existence de la convention de médiation pour se déclarer prématurément si les parties n'ont pas relevé l'existence de ladite convention de médiation. Dans ce cas, on considère que les parties y ont renoncé si elles laissent la procédure se poursuivre devant le juge ou l'arbitre.

De toute manière, la volonté des parties de régler leur différend par médiation prévaut. De même, lorsque les juges ou arbitres estiment que la clause de médiation est manifestement nulle, ils peuvent connaître de l'affaire. La nullité manifeste doit être interprétée de manière restrictive : elle doit résulter de l'apparence de la convention et non de son analyse approfondie[160]. Autrement dit, la nullité découle d'un examen extrinsèque de la convention de médiation. Chaque fois qu'une incertitude sérieuse existe quant à la nullité de la clause, celle-ci ne peut être considérée comme manifestement nulle.

108. Par ailleurs, le recours au juge pour des mesures provisoires ne doit pas être considéré comme une renonciation à la médiation. L'alinéa 2 de l'article 15 de l'AUM est formel à ce sujet : « *lorsqu'une partie estime nécessaire d'engager, à des fins provisoires et conservatoires, une*

---

159 D. COSSI SOSSA, J. M. TCHAKOUA, *op. cit.*, p. 360.
160 P. MEYER, *op. cit.*, p. 117.

procédure pour la sauvegarde de ses droits, l'engagement d'une telle procédure ne doit pas être considéré en soi comme une renonciation à la convention de médiation ni comme mettant fin à la procédure de médiation ».

Ainsi, le droit de recourir au juge en cas d'urgence ne constitue pas une renonciation à la médiation, et il est interdit au juge saisi dans ce cadre de statuer sur le fond du différend.

109. En France, la Cour de cassation a tiré toutes les conséquences de l'existence d'une convention de médiation et a décidé que, si un juge est saisi alors qu'un accord de médiation a été conclu entre les parties, cet accord constitue une fin de non-recevoir qui renvoie les parties à la médiation.

Pour le juge, « *attendu qu'il résulte des articles 122 et 124 du Code de procédure civile que les fins de non-recevoir ne sont pas limitativement énumérées ; que la clause d'un contrat instituant une procédure de médiation préalable à la saisine du juge, dont la mise en œuvre suspend jusqu'à son issue le cours de la prescription, constitue une fin de non-recevoir qui s'impose au juge si les parties l'invoquent* »[161].

110. Si la clause de médiation fonde la compétence du médiateur, quelle est alors l'étendue de cette compétence ? La clause de médiation confère au médiateur le pouvoir d'aider les parties à parvenir à un règlement amiable de leur litige. Mais le médiateur est-il compétent pour statuer sur sa propre compétence ? Autrement dit, l'efficacité de la convention de médiation suppose-t-elle que le médiateur soit compétent pour statuer sur sa propre compétence comme c'est le cas pour l'arbitre[162] ?

---

[161]Cass. Ch. mixte 14 fév. 2003, n° 00-19423.

[162]P. MAYER, « L'autonomie de l'arbitre international dans l'appréciation de sa propre compétence », *R.C.A.D.I.*, 1989, t. 217, p. 323 et s.

En arbitrage, la règle de la « compétence-compétence » permet au tribunal arbitral de poursuivre sa mission même si l'existence ou la validité de la convention d'arbitrage est contestée par une partie[163]. Ce principe donne priorité au tribunal arbitral pour se prononcer sur les questions relatives à sa compétence, sous le contrôle ultérieur des juridictions étatiques[164].

Cette hypothèse est difficilement transposable à la médiation, puisque celle-ci, contrairement à l'arbitrage, n'a pas une nature juridictionnelle. Le médiateur n'est pas un juge et ne peut statuer sur sa propre compétence. L'esprit amiable qui anime ce mode alternatif de règlement des différends (MARD) laisse une large marge de manœuvre aux parties, qui peuvent décider de façon consensuelle si la médiation aura lieu, même en présence de questions sur l'existence ou la validité de la clause de médiation.

En ce sens, la médiation demeure une justice alternative foncièrement consensuelle.

Section IV : L'indépendance de la convention de médiation

111. L'indépendance de la convention de médiation peut s'apprécier à deux niveaux : d'une part, au regard de son lien avec le contrat principal qui la contient, et d'autre part, au regard de son régime juridique.

La première forme d'indépendance concerne l'impact éventuel de l'invalidité du contrat principal sur la convention de médiation. La seconde forme d'indépendance vise à analyser le régime juridique propre de la convention de médiation.

Ainsi, l'indépendance matérielle relève du lien avec le contrat principal (**Paragraphe 1**), tandis que

163FOUCHARD (Ph.), GAILLARD (E.), GOLDMAN (B), *op. cit.*, n° 658, p. 413.

164*Ibid,* n° 660, p. 415.

l'indépendance juridique relève de son régime propre (**Paragraphe 2**).

Paragraphe 1 : L'indépendance matérielle

112. L'invalidité du contrat principal affecte-t-elle la clause de médiation qui y est incorporée, ou cette clause est-elle indépendante du contrat principal ? Ces questions se posent dans la mesure où le lien entre la clause de médiation et le contrat qui la contient est indéniable. En effet, c'est parce qu'il existe un contrat principal qu'une clause de médiation peut exister.

Supposons, par exemple, un contrat de vente assorti d'une clause de médiation. Si ce contrat est déclaré nul ou annulé pour quelque motif que ce soit (défaut de cause, d'objet, de capacité ou de consentement, vice du consentement, violation de l'ordre public), la question se pose de savoir si la clause de médiation est pour autant affectée.

Il est vrai que la clause de médiation est, à l'origine, l'accessoire du contrat principal. On pourrait alors être tenté d'appliquer la maxime *« l'accessoire suit le principal »* pour conclure hâtivement que la nullité du contrat principal entraîne celle de la convention de médiation.

Cependant, affirmer l'indépendance de la clause de médiation par rapport au contrat principal heurte, *a priori*, la logique contractuelle traditionnelle, selon laquelle le tout comprend la partie, principe qui se traduit par l'unité du contrat.[165].

113. Cette question s'est posée en arbitrage et a reçu une réponse privilégiant l'autonomie procédurale, en vertu du principe communément désigné sous le nom de « compétence-compétence »[166]. Ce principe avait été illustré dans l'Arrêt Gosset.

---

165 P. MEYER, *op. cit.*, p. 81.

166 N. AKA, A. FENEON et J-M. TCHAKOUA, *op. cit.* , p. 292.

Dans cette affaire, arguant de la nullité du contrat principal, la société Gosset demanda que cette nullité soit étendue à la clause compromissoire. La Cour de cassation française rejeta cette demande, au motif que :

« *En matière d'arbitrage international, l'accord compromissoire, qu'il soit conclu séparément ou inclus dans l'acte juridique auquel il a trait, présente toujours, sauf circonstances exceptionnelles qui ne sont pas alléguées en la cause, une complète autonomie juridique, excluant qu'il puisse être affecté par une éventuelle invalidité de cet acte* »[167].

Cette autonomie de la convention d'arbitrage est aujourd'hui consacrée par l'ensemble des législations sur l'arbitrage et constitue un principe général du droit de l'arbitrage[168].

Pour assurer l'efficacité de la clause de médiation, cette solution devrait être transposée au droit de la médiation. Sans cette autonomie, ce mode alternatif de règlement des différends resterait fragile : il suffirait qu'une partie invoque la nullité du contrat principal pour contraindre l'affaire à se retrouver immédiatement devant le juge ou l'arbitre, selon le cas.

La solution retenue dans l'arbitrage peut donc légitimement s'étendre à la médiation[169]. À cet égard, la Cour de cassation française, dans un arrêt du 6 juillet 2000[170], a admis cette autonomie en jugeant que la clause de médiation pouvait s'appliquer même lorsque le litige portait précisément sur la nullité du contrat contenant cette clause.

114. Cette indépendance de la clause de médiation par rapport au contrat principal peut également être justifiée

---

167 Cass., 7 mai 1963, GOSSET, *J.C.P.*, 1963, II, 13405, note Goldman ; *Rev. arb.*, 1963, p. 60. *D.* 1963, p. 545, note J. Robert.

168 Ph. FOUCHARD, E GAILLARD et B. GOLDMAN, *op. cit.*, p. 218 et s.

169 N. AKA, A. FENEON et J-M. TCHAKOUA, *op. cit*, p. 292.

170 Cass. 2e civ., 6 juill. 2000, n° 98-17827, *Rev. arb.* 2000, p. 749, note Ch. JAROSSON

par la différence d'objet entre ces deux types de conventions. Tandis que la clause de médiation a un objet procédural, c'est-à-dire la soumission du litige né ou à naître à la médiation, le contrat principal a pour objet de régler les relations entre les parties.

De ce fait, on ne pourrait pas mettre les deux conventions dans la même classe ; d'où l'indépendance de la clause de médiation par rapport au contrat principal. Cette solution devrait être considérée comme le droit matériel de la médiation OHADA.

Ainsi, comme en droit de l'arbitrage, sauf stipulation contraire, si le médiateur considère que la clause de médiation est valable, il reste compétent pour poursuivre la médiation même si le contrat liant les parties est nul ou inexistant.

Paragraphe 2 : L'indépendance juridique

115. Il s'agit ici de déterminer le régime juridique de la convention de médiation contenue dans un contrat principal, c'est-à-dire les règles qui la gouvernent. La convention de médiation est-elle régie par le même droit que celui applicable au contrat principal ? Autrement dit, les deux conventions sont-elles soumises à la même loi ?

Le droit OHADA de la médiation n'apporte pas de réponse à cette préoccupation. C'est dans le droit de l'arbitrage qu'il faut puiser la solution. En effet, ce droit consacre l'autonomie de rattachement de la convention d'arbitrage. Concrètement, cela signifie que la convention d'arbitrage peut être régie par un droit distinct de celui régissant le contrat principal. Ainsi, les parties peuvent choisir deux droits différents, l'un s'appliquant à la convention d'arbitrage, l'autre régissant le contrat principal. Ainsi, les parties peuvent choisir deux droits différents, l'un s'appliquant à la convention d'arbitrage, l'autre régissant le contrat principal[171].

Cette solution peut être étendue à la médiation. Conformément à une loi distincte de celle du contrat principal, on pourra par exemple apprécier la validité de la convention de médiation. Pour ce faire, doit-on appliquer éventuellement l'exclusion de la méthode de rattachement, comme c'est le cas en arbitrage ? L'article 4 de l'Acte uniforme relatif au droit de l'arbitrage dispose que la validité de la convention d'arbitrage *« est appréciée d'après la commune volonté des parties, sans référence nécessaire à un droit étatique »*. Cette règle signifie que la recherche du droit interne selon la technique conflictuelle n'est plus nécessaire pour déterminer le droit applicable à la convention d'arbitrage.

La convention de médiation, présentant le même objet que la convention d'arbitrage et jouant une fonction analogue, peut légitimement bénéficier de la même solution. À ce titre, elle se caractérise par une autonomie de rattachement, permettant, le cas échéant, l'exclusion de la méthode traditionnelle de rattachement. La validité de la convention de médiation doit ainsi être appréciée d'après la commune volonté des parties, sans qu'une référence obligatoire à un droit étatique ne soit requise.

Il convient de souligner que l'efficacité de la convention de médiation repose fondamentalement sur la volonté des parties, laquelle constitue le socle de ce mode amiable de règlement des différends. Toutefois, cette volonté n'est pas absolue et doit nécessairement être encadrée par les lois impératives et les règles d'ordre public[172], afin de garantir le respect des principes fondamentaux et l'effectivité de la médiation.

---

[171] P. MEYER, *op. cit.*, p. 86.

[172] E. A. GATSI « L'ordre public en droit public français et camerounais : regards croisés sur un labyrinthe juridique », *RIDC*, n°4, 2017, pp 961-999.

CHAPITRE II
LA DÉSIGNATION DU MÉDIATEUR

116. Après avoir examiné les modalités de désignation du médiateur (**Section I**), il conviendra d'analyser son statut juridique (**Section II**).).

Section I : Les modes de désignation

117. L'Acte uniforme relatif à la médiation (AUM) prévoit deux modes de désignation du ou des médiateurs. Les parties peuvent procéder à cette désignation par leur initiative (**Paragraphe 1**), ou confier cette mission à un centre ou à une institution spécialisée offrant des services de médiation, désignée sous le terme d'« autorité de désignation » (**Paragraphe 2**).

Paragraphe 1 : La désignation par les parties

118. Au moment de l'ouverture de la procédure, les parties procèdent, d'un commun accord[173], à la désignation du ou des médiateurs. Leur volonté prime ainsi dans cette désignation. Cette prééminence s'apprécie à deux niveaux : d'une part, en ce qui concerne l'identification de la personne du médiateur, et d'autre part, s'agissant du nombre de médiateurs.

119. S'agissant de la désignation du médiateur, le choix varie selon que la médiation soit *ad hoc* ou institutionnelle. Dans le cadre d'une médiation *ad hoc*, la volonté des parties s'exprime directement par le choix du ou des médiateurs. Lorsque plusieurs médiateurs sont prévus, elles peuvent répartir équitablement ce choix. Si elles ont convenu de ne désigner qu'un seul médiateur, ce choix doit être fait d'un commun accord.

En cas de difficulté dans la désignation, l'AUM permet aux parties de solliciter l'assistance de toute personne

---

173 Article 5 al. 1 AUM.

physique ou morale, notamment un centre ou une institution offrant des services de médiation, appelée « autorité de désignation ». Cette autorité a pour rôle de recommander des candidats possédant les qualités et compétences requises pour exercer la fonction de médiateur. Il convient de souligner que le recours à cette autorité n'assujettit pas les parties au règlement interne du centre ou de l'institution sollicitée.

120. Dans le cadre d'une médiation institutionnelle, la volonté des parties s'exprime par le choix du centre de médiation, choix qui emporte acceptation de son règlement de médiation. Les parties ne disposent donc plus de la liberté totale de sélectionner n'importe quel médiateur, contrairement à la médiation *ad hoc*. Toutefois, ce choix leur reste réservé, dans la mesure où elles doivent se conformer à la liste des médiateurs proposée par l'institution.

Certains Règlements de médiation donnent la possibilité aux parties de désigner le ou les médiateurs en dehors de cette liste. Tel est le cas du Règlement de médiation du Centre de médiation et d'arbitrage du GICAM, qui, à son article 9.1 prévoit que « *les parties sont libres de choisir un ou deux médiateurs sur la liste du Centre ou en dehors de cette liste, en fonction de ses (leurs) aptitudes, de sa (leur) formation pratique à la médiation et de sa (leur) disponibilité pour mener la médiation avec la célérité nécessaire* ».

Le ou les médiateurs ainsi choisis doivent être confirmés par le comité permanent[174], dont le rôle consiste à garantir la régularité de la désignation et à s'assurer que le ou les médiateurs présentent les qualités et compétences requises pour exercer leurs fonctions.

121. Bien que l'AUM confère aux parties le pouvoir de désigner le ou les médiateurs, cette prérogative ne garantit pas qu'elles puissent l'exercer de manière effective et

---

174 Art. 9.3 du Règlement de médiation du CMAG.

concertée. Si le fondement amiable de la médiation ne favorise pas les situations conflictuelles, la pratique démontre qu'elles peuvent survenir. Il s'avérait donc nécessaire de prévoir des solutions supplétives, tant en cas d'absence ou d'insuffisance de la convention de médiation, qu'en cas de blocage dans la mise en œuvre de la procédure.

Tel est le cas, notamment, lorsque les parties ne s'entendent pas sur le choix du médiateur unique. La question se pose alors de savoir si, à l'instar de l'arbitrage, le juge étatique devrait intervenir, si on est dans le cadre d'une médiation *ad hoc*, ou si, dans une médiation institutionnelle, ce rôle devrait revenir au centre de médiation.

À titre comparatif, l'article 6-b de l'Acte uniforme OHADA relatif au droit de l'arbitrage prévoit qu'« *en cas d'arbitrage par un arbitre unique, si les parties ne peuvent s'accorder sur le choix de l'arbitre, celui-ci est nommé, sur la demande d'une partie, par la juridiction compétente dans l'État Partie* ». De même, dans l'arbitrage institutionnel du GICAM, à défaut d'accord entre les parties sur la désignation de l'arbitre unique, celui-ci est nommé par le centre d'arbitrage à via son comité permanent[175]. Une solution analogue est appliquée à l'arbitrage de la CCJA, dans lequel, à défaut d'accord entre les parties dans le délai de 30 jours à partir de la notification de la demande d'arbitrage à l'autre partie, l'arbitre est nommé par la Cour[176].

122. Les solutions palliatives ainsi envisagées ont pour finalité d'éviter toute paralysie de la procédure et devraient, à ce titre, être transposées au régime de la médiation de l'Acte uniforme. Ainsi, en cas de désaccord des parties sur la désignation du médiateur unique dans le cadre d'une médiation *ad hoc*, rien ne les empêche de solliciter

---

[175] Art. 9.1 du Règlement d'arbitrage du CMAG.

[176] Art. 3.1 du Règlement d'arbitrage de la CCJA.

l'intervention de l'autorité de désignation afin qu'elle les assiste dans ce choix. De même, il n'existe aucune prohibition empêchant le juge de procéder à une telle désignation à la demande d'une partie. Toutefois, compte tenu du fondement volontaire et amiable de la médiation, la désignation opérée par une tierce autorité — qu'il s'agisse d'une personne physique, d'un centre spécialisé ou du juge — ne saurait produire effet qu'après confirmation expresse par les parties ; à défaut, la procédure doit être réputée close.

Cette exigence de confirmation se retrouve dans la médiation institutionnelle. Ainsi, le Règlement de médiation du GICAM prévoit que, si les parties demeurent en désaccord sur l'identité du médiateur à l'expiration d'un délai de quinze (15) jours, le Comité permanent propose un médiateur unique — sauf justification particulière imposant la désignation de deux médiateurs[177] — après consultation des parties. Toutefois, il ne s'agit que d'une proposition : la validation définitive appartient exclusivement aux parties. Le règlement précise en effet que, faute d'accord sur le nom proposé dans un délai identique de quinze (15) jours, la médiation prend fin de plein droit[178].

À l'inverse, certains centres de médiation adoptent une approche plus directive. Tel est le cas du Centre d'arbitrage et de médiation de l'Organisation Africaine de la Propriété Intellectuelle (OAPI), dont le Règlement prévoit que le médiateur est désigné par le Centre après accord préalable des parties ; et, en cas de défaut d'accord dans un délai de dix (10) jours, le Centre procède lui-même à la désignation du médiateur[179].

---

177 Art. 9.4 du Règlement de médiation du CMAG.

178 *Idem.*

179 Art. 9.1 Règlement de médiation du centre d'arbitrage et de médiation de l'Organisation Africaine pour la Propriété Intellectuelle (OAPI).

123. *Quid* de la situation dans laquelle la médiation se fera avec plus d'un médiateur ? On peut légitimement penser que quel que soit le nombre de médiateurs, leur désignation se fera d'un commun accord par les parties et en cas de désaccord, la médiation n'aura pas lieu.

124. Les solutions jusqu'ici envisagées ne tiennent pas compte des difficultés particulières que peut susciter la médiation lorsqu'elle implique plus de deux groupes de parties en opposition, situation relevant de la médiation multipartite qui, désigne la procédure au sein de laquelle plusieurs demandeurs s'opposent à un ou à plusieurs défendeurs. Dans un tel contexte, la question de la désignation du ou des médiateurs constitue un enjeu central. Une approche envisageable consisterait à permettre à chaque groupe de parties de désigner un médiateur lorsque la procédure prévoit l'intervention de deux médiateurs. En revanche, dans l'hypothèse où un seul médiateur est prévu, un accord entre les différents groupes sur le choix de ce dernier devient nécessaire ; à défaut d'un tel consensus, la médiation ne peut se poursuivre en raison de son caractère essentiellement amiable.

125. Ces solutions ne sauraient trouver application dans les centres de médiation où la désignation des médiateurs relève de l'autorité du centre en cas de désaccord entre les parties.

126. En matière de détermination du nombre de médiateurs, la décision relève en principe de l'autonomie des parties, qui sont libres de fixer ce nombre en fonction de l'importance et de la complexité du litige.

Toutefois, certains centres de médiation imposent des limites à ce choix. Tel est le cas du Règlement de médiation du Centre de médiation et d'arbitrage du GICAM, qui dispose à son article 9.1 que « les parties sont libres de choisir un ou deux médiateurs sur la liste du Centre ou en dehors de cette liste ».

Il en résulte que, dans ce centre, la médiation impliquant trois médiateurs n'est pas admise. L'AUM n'apporte aucune restriction dans ce sens, dans la mesure où l'article 5 alinéa 1 précise que les parties choisissent le ou les médiateurs.

Paragraphe 2 : La désignation par l'autorité de désignation

127. L'AUM offre la possibilité aux parties de recourir à une autorité de désignation pour la nomination du médiateur. En effet, selon l'article 5, alinéa 4 : *« Les parties peuvent également convenir que l'autorité de désignation nomme directement le ou les médiateurs »*.

L'autorité de désignation désigne ici toute personne physique ou morale, notamment un centre ou une institution offrant des services de médiation. C'est en raison de l'expertise et de l'expérience de cette autorité que le législateur a jugé opportun de la prévoir comme un recours pour les parties.

En pratique, les centres de médiation disposent généralement d'une liste de médiateurs, ce qui leur permet d'identifier plus aisément des professionnels dont le profil correspond aux besoins spécifiques des parties. L'AUM fixe cependant certaines limites quant au profil du ou des médiateurs proposés.

Ainsi, l'article 5 al. 4 de l'AUM dispose que « *Lorsqu'elle recommande ou nomme des médiateurs, l'autorité de désignation tient compte des considérations propres à garantir la désignation d'une personne indépendante, impartiale et disponible. Elle prend en compte, le cas échéant, le fait qu'il peut être souhaitable de nommer une personne de nationalité différente de celle des parties, notamment lorsque les parties sont de nationalité différente* ».

128. L'autorité de désignation peut également être le juge dans le cadre d'une médiation judiciaire. En effet, lorsque les parties donnent leur accord sur le choix du médiateur, le juge est habilité à procéder à sa nomination.

129. Lorsque les parties souhaitent recourir aux services de l'autorité de désignation pour la nomination du médiateur, elles peuvent le faire par une simple demande. Il va de soi qu'elles puissent, dans le cadre de cette demande, exposer la nature du litige afin que l'autorité de désignation puisse identifier plus aisément le profil du ou des médiateurs le mieux adapté(s) à leur problématique. .

130. On peut légitimement s'interroger sur la nature du service offert par l'autorité de désignation, notamment s'il est gratuit ou onéreux. Il apparaît que rien n'empêche un centre de médiation de considérer ce service comme générateur de revenus, ou au contraire de l'offrir gratuitement. Il paraît plus logique, compte tenu du caractère encore embryonnaire de la médiation dans l'espace OHADA, que les centres de médiation offrent gratuitement leurs services afin d'accompagner les parties[180].

Section II : Le statut du médiateur désigné

131. Le statut renvoie à l'ensemble cohérent des règles applicables à une catégorie de personnes, d'agents ou une institution, et qui en déterminent, pour l'essentiel, la condition ainsi que le régime juridique[181]. S'agissant du médiateur, ce terme désigne l'ensemble des dispositions légales fixant sa situation, notamment les conditions qu'il doit remplir pour être désigné (**Paragraphe 1**), ses droits et obligations (**Paragraphe 2)**, ainsi que sa responsabilité (**Paragraphe 3**).

Paragraphe 1 : Les conditions pour être désigné médiateur

132. L'AUM exige deux conditions pour être désigné comme médiateur : les qualités et la compétence (B) ainsi

[180]Cette solution contribue à promouvoir l'arbitrage dans l'espace OHADA.

[181]G. CORNU, *Vocabulaire juridique*, *op. cit.*, p. 2085.

que la disponibilité (C). Toutefois, bien que l'AUM ne le précise pas, la médiation ne peut être confiée qu'à une personne physique, laquelle doit avoir le plein exercice de ses droits civils (A).

A- Une personne physique ayant le plein exercice de ses droits civils

133. L'AUM ne précise pas si le médiateur doit être une personne physique ou morale et ne se contente que d'indiquer qu'il s'agit d'une personne. Toutefois, comme dans l'arbitrage OHADA[182], il est difficile d'envisager un médiateur personne morale. Le médiateur est avant tout un « facilitateur » et doit, à ce titre, disposer de qualités d'écoute et de négociation[183], ce qui n'est pas envisageable pour une personne morale.

134. Le plein exercice des droits civils suppose que le médiateur possède la capacité nécessaire, c'est-à-dire l'aptitude à conduire correctement sa mission En effet, pour accomplir celle-ci, il doit être doté de la capacité de jouissance et d'exercice de ses droits civils. La capacité s'apprécie d'après la loi personnelle du médiateur. La loi personnelle ici est, dans les Etats de l'OHADA, Dans les États de l'OHADA, la loi personnelle correspond à la loi nationale du médiateur. Il est donc indispensable que cette capacité soit pleine et entière. La sensibilité et la délicatesse inhérentes à la mission de médiation exigent en effet qu'il soit intellectuellement irréprochable.

Ainsi, une personne frappée d'une incapacité spécifique de jouissance ne peut être désignée médiateur. À titre d'exemple, une personne frappée d'une interdiction d'exercer le commerce ne peut pas être nommée médiateur

---

[182]L'article 5 al. 1 de l'Acte uniforme relatif au droit de l'arbitrage dispose que « La mission d'arbitre ne peut être confiée qu'à une personne physique ».

[183] J. M. TCHAKOUA et A. FENEON *op. cit.*, p. 320.

B- Une personne ayant les qualités et les compétences requises

135. Très souvent avant d'engager la médiation, les parties se posent des questions sur la compétence du médiateur. Elles se demandent s'il aura les capacités nécessaires de faire basculer la logique de conflit en logique de solution[184].

La clef du succès d'une médiation réside dans la confiance que les parties accordent au processus et, par conséquent, à son conducteur, le médiateur[185]. Lors du choix, elles fondent généralement leur réflexion sur trois critères : la technicité, l'expérience et la personnalité. Ainsi, pour désigner le médiateur, les parties ou l'autorité de désignation doivent tenir compte de ses qualités et compétences, lesquelles peuvent être définies d'un commun accord. Il s'agit généralement d'aptitudes spécifiques permettant au médiateur de conduire sa mission de manière satisfaisante et efficace.

À cet égard, il doit jouir d'une haute considération et d'une compétence reconnue en matière de médiation. Il doit également posséder une expérience professionnelle pertinente, une technicité incontestable et une maîtrise satisfaisante du domaine du litige.

Un médiateur expérimenté dans le type de problématiques qui opposent les parties sera plus rapide à se familiariser avec les termes du conflit et saura immédiatement parler le même langage, juridique ou technique, que les parties et leurs représentants. Ces éléments contribuent grandement à rassurer les parties. On peut également ajouter à ces critères les compétences linguistiques du médiateur, qui constituent un atout supplémentaire pour le bon déroulement de la médiation.

---

[184] P. SERVAN-SCHREIBER, « Méditation sur la médiation », *Gazette du palais*, mardi 23 avril 2019, n° 16, p.45

[185] *Idem.*

136. Est-il nécessaire que le médiateur soit un expert dans le domaine faisant l'objet du différend ? Pour certains, cette expertise s'impose ; pour d'autres, elle n'est pas indispensable, car elle pourrait conduire à des idées préconçues[186].

Au demeurant, la compétence juridique ne devrait pas constituer une exigence fondamentale, contrairement à ce qui est attendu en arbitrage. En effet, à la différence de l'arbitre, qui agit comme un véritable juge privé, le médiateur ne tranche pas le litige. Il est un *facilitateur* qui met ses bons offices au service des parties afin de les aider à parvenir à une solution négociée à leur différend.

137. Ces qualités et compétences du médiateur ne posent généralement pas de difficulté dans le cadre d'une médiation institutionnelle, car les centres de médiation veillent à n'inscrire sur leurs listes que des médiateurs jouissant d'une notoriété et d'une expérience suffisantes. Il s'agit même à certains égards d'un moyen d'attractivité pour ces centres.

C- Une personne disponible

138. Au regard de la célérité qui est foncièrement attachée à la médiation, il est normal que l'AUM exige la condition de disponibilité du médiateur désigné[187]. Cette exigence se justifie d'autant plus que, contrairement à certains règlements de médiation, l'AUM ne fixe pas de délai précis pour la conduite du processus[188]. Or, l'on sait que les parties qui recourent à la médiation s'accommodent difficilement de pertes de temps : la rapidité de la procédure constitue en effet l'une des vertus essentielles de la médiation. Chaque système de médiation démontre d'ailleurs son efficacité par le niveau de célérité qu'il est en mesure d'offrir aux parties.

---

186 *Idem*.

187 Voir art. 6 AUM.

188 D. COSSI SOSSA, TCHAKOUA J.M., *op.cit.*, pp. 352-353.

Ainsi, si celles-ci optent pour la médiation, c'est bien parce qu'elles souhaitent parvenir rapidement à une solution à leur désaccord. Pour atteindre cet objectif, outre les qualités et compétences requises du médiateur, elles doivent également tenir compte de sa disponibilité. Il serait inutile de choisir un médiateur compétent si celui-ci n'est pas en mesure de se consacrer effectivement à la mission. À cet égard, l'article 6 de l'AUM prévoit qu'au moment de sa désignation, le médiateur confirme, dans une déclaration écrite, sa disponibilité pour conduire la procédure de médiation.

139. Par ailleurs, la mission du médiateur peut être volontairement encadrée dans le temps, soit directement par les parties, soit par le règlement de médiation auquel elles se sont référées. Même si tel n'est pas le cas, l'article 7 de l'Acte uniforme précise que le médiateur conduit la médiation comme il l'estime approprié, compte tenu des circonstances de l'affaire, des souhaits exprimés par les parties et de la nécessité de parvenir rapidement au règlement du différend. Le même article ajoute que le médiateur accomplit sa mission avec diligence.

Il n'est pas envisageable, à la différence des procédures arbitrales ou judiciaires, que le médiateur reporte son intervention de plusieurs semaines, voire de plusieurs mois, alors même que sa désignation signifie que les parties sont prêtes à se réunir[189]. En outre, la médiation peut prendre fin à l'expiration du délai convenu, ce qui pourrait être préjudiciable pour les parties si le médiateur ne s'est pas montré suffisamment diligent.

---

[189] J. M. TCHAKOUA et A. FENEON *op. cit.*, p. 319.

Paragraphe 2 : Les droits et obligations du médiateur

140. On présentera d'abord le droit à la rémunération (A), avant d'examiner l'exigence d'indépendance et d'impartialité (B).

A- Le droit à la rémunération du médiateur

141. La médiation n'est pas le lieu des œuvres philanthropiques. Comme il est rare que le médiateur exerce sa mission à titre gratuit, il est en droit de solliciter une rémunération auprès des parties ayant recouru à ses services. Il convient dès lors de déterminer le montant de ses honoraires (1), de préciser les modalités de paiement (2) et de fixer la charge définitive (3).

1- La détermination des honoraires du médiateur

142. L'AUM confère aux parties un large pouvoir dans la fixation des honoraires du médiateur. Selon l'article 13 « *Les parties déterminent, soit directement, soit par référence à un règlement de médiation, les frais de la médiation, y compris les honoraires du médiateur* ». Ainsi, pour fixer ces honoraires, elles peuvent soit en convenir directement, soit se référer à un règlement de médiation. Pour donc fixer ces honoraires, elles ont le choix soit de le déterminer directement, soit de se référer à un règlement de médiation.

Dans l'hypothèse d'une fixation directe, celle-ci ne peut intervenir qu'en concertation avec le médiateur, lequel demeure un prestataire de services agissant dans le cadre d'une relation de nature contractuelle.

143. Dans le cadre d'une médiation institutionnelle, les honoraires du médiateur sont déterminés conformément au barème des frais établi par le centre de médiation. À titre d'illustration, l'article 14 du Règlement de médiation du CMAG prévoit que les honoraires dus au médiateur sont calculés selon le barème fixé par le Centre. Chaque institution de médiation dispose ainsi de son propre barème, lequel s'impose aux parties. En effet, selon l'article 3 de l'Acte uniforme, « *le fait de recourir à une institution de médiation emporte adhésion des parties au règlement de médiation de ladite institution* ».

L'Acte uniforme apporte une précision supplémentaire lorsque la médiation est ordonnée par une juridiction étatique. L'article 13, alinéa 3, dispose en effet que : « *Lorsque la juridiction étatique désigne une institution de médiation, elle renvoie les parties à se conformer au barème de cette institution* ».

144. En ce qui concerne le *quantum* des honoraires, ceux-ci peuvent être déterminés soit sur la base d'un taux forfaitaire convenu d'un commun accord entre les parties et le médiateur, soit en référence au barème d'un centre de médiation. Dans ce second cas, les barèmes prévoient souvent une variation des honoraires en fonction du montant du litige.

Ces barèmes, tels qu'ils sont énoncés dans les règlements de médiation, ainsi que les décisions prises pour leur application par les organes administratifs des centres de médiation, revêtent une valeur contractuelle. Le recours à la médiation institutionnelle offre ainsi une garantie aux parties contre toute demande d'honoraires excessive de la part du médiateur[190].

2- Modalités de paiement des honoraires

145. L'AUM n'aborde pas spécifiquement les modalités de paiement des honoraires du médiateur. Toutefois, on considère que, comme dans l'arbitrage *ad hoc*, une avance est généralement versée en début de procédure, selon une proportion définie.

---

190 Ph. FOUCHARD, E. GAILLARD et B. GOLDMAN, *op. cit.*, p. 639.

En revanche, dans le cadre d'une médiation institutionnelle, les modalités de paiement des honoraires sont précisées par les règlements du centre de médiation et ne peuvent être contestées ni par les parties, ni par le médiateur. À titre d'exemple, l'article 14.2 du Règlement de médiation du CMAG dispose que : « *afin de garantir le paiement des frais de médiation, le centre demande aux parties de verser, avant le début de la médiation, les provisions pour couvrir les honoraires (...)* ».

Il convient toutefois de noter que l'omission ou le retard dans le versement des frais de médiation peut légitimement susciter un doute quant à la volonté de son auteur de poursuivre le processus de médiation[191].

3- La charge définitive des honoraires

146. L'AUM dispose que « *les frais de la médiation sont supportés par les parties à parts égales, sauf convention contraire* ». Cette disposition consacre le principe de l'égalité dans la répartition des honoraires du médiateur, tout en laissant aux parties la liberté d'y déroger par un accord. Autrement dit, si le partage égalitaire constitue la règle générale, il peut être modulé en fonction des stipulations contractuelles convenues entre les parties, ce qui reflète la souplesse et le caractère consensuel inhérents au processus de médiation.

Cette liberté contractuelle illustre l'esprit fondamental de la médiation, qui privilégie l'autonomie des parties et leur capacité à organiser elles-mêmes le déroulement de la procédure, y compris sur le plan financier. Elle permet également d'éviter des contentieux ultérieurs relatifs aux honoraires et d'assurer un climat de confiance favorable à la négociation.

---

[191] D. COSSI SOSSA, J. M. TCHAKOUA, *op. cit.*, p. 359.

B- L'exigence d'indépendance et d'impartialité du médiateur désigné

147. Les notions d'indépendance et d'impartialité sont des exigences fondamentales de la médiation, dont le respect conditionne en grande partie sa crédibilité son efficacité. L'AUM en a même fait des principes directeurs[192]. L'article 6 précise qu'au moment de sa désignation, le médiateur confirme, dans une déclaration écrite, son indépendance et son impartialité pour assurer la conduite de la procédure de médiation. Il existe à cet égard deux types de garanties : des garanties préventives (1) destinées à prévenir tout risque de partialité ou de dépendance, et des garanties curatives (2) permettant de remédier à d'éventuels manquements au cours de la médiation.

1- La garantie préventive : l'obligation de révélation

148. L'indépendance revêt un intérêt particulier dans le domaine de la médiation, compte tenu des liens professionnels que les personnes choisies comme médiateurs peuvent avoir développés avec les parties. Cette préoccupation est d'autant plus pertinente que la médiation se déploie essentiellement dans le monde des affaires, où les différentes parties prenantes ont souvent déjà été amenées à collaborer.

Pour garantir l'indépendance du médiateur et assurer l'efficacité de la médiation, l'AUM impose au médiateur un devoir moral et juridique de transparence : il doit se comporter en véritable juge et révéler tout fait susceptible de compromettre son indépendance ou son impartialité[193]. Il s'agit de l'obligation de révélation, qui lui impose de

---

192 Voir art. 8 de l'AUM sur les principes directeurs.

193 Th. CLAY, « De la responsabilité de l'arbitre », *in El contraro de Arbitraje*, E. SILVA DE ROMERO (S/dir.), Bogota, éd. Legis, 2005, p. 543.

notifier aux parties ou au centre de médiation tout fait ou circonstance susceptible de porter atteinte, dans l'esprit des parties, à sa neutralité[194].

Cette obligation est expressément prévue à l'article 6 de l'AUM qui dispose que : *« Au moment de sa désignation, le médiateur confirme, dans une déclaration écrite, son indépendance et son impartialité ainsi que sa disponibilité pour assurer la procédure de médiation ».*

149. L'obligation de révélation constitue ainsi un devoir qui s'impose au médiateur et qui vise à permettre aux parties d'apprécier son indépendance et son impartialité et, partant, de décider si elles peuvent lui accorder leur confiance. Dans la pratique, lorsque le médiateur fait des révélations aux parties, celles-ci doivent émettre un avis. Les évènements révélés et acceptés par les parties sont bénéficient de l'immunité, et ne plus être invoqués lors d'une éventuelle remise en question de l'indépendance du médiateur à un stade ultérieur[195]. Par leur comportement, les parties ont renoncé à remettre en cause la partialité ou l'indépendance du médiateur.

Toutefois, pour que les parties puissent effectivement évaluer l'indépendance ou l'impartialité du médiateur, il est indispensable qu'une pleine transparence existe quant aux relations qu'il entretient avec l'une des parties directement ou indirectement, ou avec l'objet du litige. Cette exigence prend la forme d'un véritable engagement solennel de la part du médiateur. À titre comparatif, le système d'arbitrage du CIRDI va plus loin en la matière. Son Règlement d'arbitrage prévoit en effet que *« tout arbitre qui*

---

194 J.D.BREDIN, « La révélation. Remarques sur l'indépendance de l'arbitre en droit interne français », *in Etudes de procédure et d'arbitrage en l'honneur de Jean François POUDRET*, Lausanne, Staempfli, 1999, p. 349.

195 S. AHMED EL-KOSHERI, Y. KARIM YOUSSEF, « L'indépendance des arbitres internationaux : le point de vue d'un arbitre », *in L'indépendance de l'arbitre*, *Bull. CCI*, supplément spécial 2007, p. 54.

ne signe pas une telle déclaration avant la fin de la première session du tribunal est considéré comme démissionnaire »[196].

150. L'obligation de révélation du médiateur est une obligation permanente dans la mesure où elle s'apprécie à tout moment : au début et en cours d'instance. Cependant, une question demeure : quelle est l'étendue de cette obligation de révélation du médiateur ? La doctrine est divisée sur la question[197]. Pour la thèse classique, il faut révéler uniquement ce qui est nécessaire, ce qui est de nature à créer un doute chez les parties. L'autre thèse est beaucoup plus large et demande que tout soit révélé. Ceci permet de lutter contre les conflits d'intérêts sur toutes ses formes[198].

C'est cette thèse qui semble l'emporter aujourd'hui. En témoigne le célèbre arrêt *Tecnimont*[199], dans lequel le juge a annulé une sentence arbitrale rendue par un tribunal arbitral dans lequel un des arbitres n'avait pas tout révélé.

En l'espèce, le président du tribunal avait travaillé au sein d'un cabinet d'avocats ayant des relations de conseil avec l'une des parties à l'arbitrage et n'avait pas révélé cette situation. Il ressort donc de cette décision que les parties à un arbitrage doivent, pour préserver leurs intérêts et le respect de la règle de droit, exiger une déclaration d'indépendance exhaustive de la part des arbitres. Les déclarations d'indépendance doivent être faites le plus largement possible.

---

196 Art. 6 du Règlement d'arbitrage du CIRDI.

197 Voir É. LOQUIN, « La dualité des fonctions de l'obligation de révélation », *in Mélanges en l'honneur de Philippe Merle*, 2013, Dalloz, p. 487 à 499.

198 Le conflit d'intérêt est la situation dans laquelle les intérêts personnels d'un individu sont en opposition avec son devoir ou lorsqu'ils entrent en conflit avec d'autres intérêts dont il a la charge. (Ch. JARROSSON, Rapport introductif : l'éthique, la déontologie et les normes juridiques, *in L'éthique dans l'arbitrage*, coll. Arbitrage n° 2, Brulyant, 2011.).

199 C.A. de Reims, arrêt n° 4, 2 novembre 2011.

151. En revanche, le système d'arbitrage du CIRDI semble adopter implicitement la première thèse sur la révélation de ce qui est nécessaire. Dans l'affaire *EDF international S.A, SAUR international S.A c/ Argentine*[200], les parties ont demandé la révocation d'un arbitre, le Professeur Kaufmann Kohler, pour ne les avoir pas informés de sa nomination en tant que membre du conseil de direction d'UBS, société qui détenait des intérêts dans EDF. Le CIRDI a refusé de révoquer l'arbitre concerné au motif qu'il était raisonnable de penser qu'il ignorait qu'UBS entretenait des relations d'affaire avec EDF[201].

152. Au regard de ce qui précède, il apparaît que l'obligation de révélation constitue un véritable devoir pour le médiateur, qui doit s'assurer personnellement de l'absence de tout lien pouvant compromettre son impartialité ou son indépendance. Cette vigilance proactive permet de prévenir efficacement tout risque de conflit d'intérêts et de renforcer la confiance des parties dans le processus de médiation. Certains auteurs vont même plus loin en suggérant qu'« *il serait opportun, dans un souci de transparence, que le médiateur divulgue également les liens passés qu'il aurait eus avec une partie, même si, à son jugement, ces liens n'altéreraient pas son indépendance ni son impartialité* »[202]. Cette approche reflète l'importance accordée à la transparence continue et à la responsabilité éthique du

---

[200] ICSID Case n°ARB/03/23.

[201] L'argument principal soulevé par le tribunal pour refuser la demande de révocation était que l'arbitre a été nommé au Conseil de direction d'UBS le 19 avril 2006, il n'a pu inclure cet élément dans ses déclarations faites lors de la constitution du tribunal Car, la réforme du Règlement qui obligeait de révéler les faits survenus en cours d'instance était entrée en application après la constitution du tribunal, à savoir la 10 avril 2008. (Lire M. ANIS BETTAIEB, « L'indépendance de l'arbitre », *in CIRDI 45 ans après, bilan d'un système*, HORCHANI (F.) (S/dir.), Actes du colloque de Tunis, Pedone, Paris, 2011.., p. 291 et s.

[202] D. COSSI SOSSA, J.M. TCHAKOUA, *op. cit.*, p. 352.

médiateur, fondements essentiels de la crédibilité et de l'efficacité du processus.

153. Tout compte fait, la présence d'indices remettant en cause l'indépendance ou l'impartialité du médiateur permet aux parties d'exercer leur droit d'opposition.

2- La garantie curative : le droit d'opposition

154. L'article 6 alinéa 2 de l'AUM dispose que : « *Lorsque le médiateur révèle aux parties après sa nomination la survenance de circonstances nouvelles susceptibles de soulever des doutes légitimes sur son impartialité ou son indépendance, il les informe de leur droit de s'opposer à la poursuite de sa mission* ». Il en découle qu'en cas de doute sur l'indépendance ou l'impartialité du médiateur, les parties peuvent décider de ne plus lui accorder leur confiance et s'opposer ainsi à la poursuite de sa mission. Le droit d'opposition s'apparente ainsi à la récusation qui est mise en œuvre en matière d'arbitrage dans la même situation.

155. Les parties sont juges de l'appréciation du défaut manifeste de garantie d'indépendance et d'impartialité du médiateur. Une très grande marge de manœuvre leur est accordée pour évaluer la pertinence de ce défaut. Toutefois, il va de soi que la circonstance nouvelle entravant l'indépendance et l'impartialité du médiateur doit être suffisamment manifeste et flagrante pour qu'elles puissent exercer leur droit d'opposition. En tout état de cause, elles demeurent seules juges de cette appréciation.

156. Si une partie découvre au cours de la procédure des faits qui remettent en cause l'indépendance ou l'impartialité du médiateur, il est normal qu'elle en informe l'autre partie pour qu'elle puisse aussi apprécier la situation. Dès qu'elles s'accordent sur ce défaut, elles peuvent exercer leur droit d'opposition à la poursuite de la mission du médiateur.

Un problème peut se poser lorsque les parties ne sont pas d'accord sur la gravité de la circonstance nouvelle. Cela peut créer un blocage. Cependant, ce blocage peut être considéré comme un refus de poursuivre la médiation. C'est pourquoi le dernier paragraphe de l'article 6 de l'AUM précise : *« Si l'une des parties refuse en conséquence de poursuivre la médiation, il est mis fin à la mission du médiateur ».*

157. Lorsque le droit d'opposition est exercé avec succès, le médiateur est immédiatement remplacé.

Paragraphe 3 : La responsabilité du médiateur

158. La responsabilité du médiateur est, dans l'espace OHADA comme ailleurs, une question intrinsèquement problématique.

Toutefois, à l'instar du juge[203] et de l'arbitre, cette question se posera de manière croissante avec le développement souhaité de la médiation dans l'espace OHADA et face aux dérives éventuelles de certains médiateurs.

Cependant, elle ne se présente pas de la même manière que pour le juge ou l'arbitre. La responsabilité du médiateur possède des caractéristiques propres. En effet, contrairement au juge et à l'arbitre, dont la mission est de trancher un différend, le médiateur n'est qu'un simple facilitateur. Faut-il pour autant parler d'irresponsabilité du médiateur ? La hantise du mauvais médiateur est effectivement commune à toutes les cultures, à tous les pays. La crainte d'un médiateur défaillant est universelle. Quel médié insatisfait ne souhaiterait pas engager la responsabilité du médiateur ?

Cette responsabilité peut être judiciaire (A) ou extrajudiciaire (B).

---

[203] Serge JAHIER, « Les Cahiers Portalis », n° 6, Décembre 2018, p. 33.

A- La responsabilité judiciaire du médiateur

159. La responsabilité judiciaire du médiateur peut être civile (1) ou pénale (2).

1- La responsabilité civile du médiateur

160. S'il a pu exister des doutes quant à l'instauration d'un régime de responsabilité civile de l'arbitre[204], il n'en va pas de même pour le médiateur, qui n'est pas investi d'une mission juridictionnelle En effet, l'arbitre exerce une mission juridictionnelle qui le conduit à se comporter comme tout juge. À ce titre, il a longtemps été jugé inadmissible d'engager sa responsabilité personnelle, au risque de fragiliser l'arbitrage[205]. Toutefois, cette thèse est aujourd'hui remise en question[206].

161. Le médiateur, quant à lui, n'est pas un juge. L'AUM lui confie la mission de «*faire des propositions en vue du règlement du différend*»[207]. En conséquence, la question de son immunité ne se pose pas : il demeure civilement responsable. Cette responsabilité peut être contractuelle ou délictuelle.

162. Sur le plan contractuel, la mission du médiateur trouve sa source dans la convention de médiation. Ainsi, comme tout contractant, il doit respecter l'ensemble des obligations qu'il a acceptées, sous peine de voir sa responsabilité contractuelle engagée. Chaque fois qu'une faute résulte d'une inexécution ou d'une mauvaise exécution d'une obligation contractuelle, les parties ont le droit de demander réparation du préjudice subi. Le

---

204 Sur la question lire M. MOREAU-CUCCHI, La responsabilité civile de l'arbitre, Thèse, 2021, p. 6 et suivants.
205 *Idem.*
206 Sur la question lire M. MOREAU-CUCCHI, La responsabilité civile de l'arbitre, *op. cit.*
207 Article 7 al. 4 de l'AUM.

principe de cette responsabilité se fonde sur l'article 1147 du Code civil.[208]

163. En règle générale, la faute doit avoir été commise dans l'exercice de sa fonction de prestataire de service. Dans un Arrêt du 31 mars 2015[209], la Cour d'appel de Paris a considéré, implicitement, que la responsabilité de l'arbitre en matière de respect des délais était de nature contractuelle. La Cour a rappelé que « *les arbitres sont tenus de préserver l'instance arbitrale en veillant à ce que le délai de reddition de la sentence ne soit pas expiré ; que sauf à engager leur responsabilité, il leur appartient, ce qu'ils n'ont pas fait, de prendre, à cet effet, toutes initiatives utiles afin d'obtenir, le cas échéant, sa prorogation conventionnelle ou judiciaire* ».

À la lumière de cette décision, rien n'empêche les médiés de limiter la mission du médiateur dans le temps et de considérer que le non-respect de ce délai constitue l'inexécution d'une obligation contractuelle, susceptible d'engager sa responsabilité sur le fondement de l'article 1147 du Code civil.

164. Dans le cadre de la mise en œuvre de cette responsabilité contractuelle, la nature des obligations incombant au médiateur peut faire l'objet de débats. On distingue traditionnellement les obligations de moyens des obligations de résultat, selon que le débiteur de la prestation s'engage à atteindre un résultat précis ou, plus modestement, à mettre en œuvre toute la diligence nécessaire pour y parvenir.

Cette distinction a une conséquence importante. Le débiteur d'une obligation de résultat engage sa responsabilité dès lors que l'obligation n'est pas exécutée.

208

209 CA Paris, 31 mars 2015, Banque Delubac c/ X, n°14-05436, RTD Com., 2016, p.76, note E. LOQUIN (« La responsabilité des arbitres pour dépérissement du délai d'arbitrage ») ; D., 2015, p.2588, obs. T. CLAY ; RTD Civ., 2015, p.612 obs. H. BARBIER ; Les cahiers de l'arbitrage, 2015, p.313, obs. M. HENRY.

En revanche, le débiteur d'une obligation de moyens ne sera tenu de réparer le dommage causé que si le créancier prouve qu'il n'a pas mis en œuvre les moyens promis.

165. Transposée à la médiation, on peut considérer que seules les obligations « *dont l'exécution ne risque pas d'être perturbée par l'intervention des litigants* »[210] peuvent être qualifiées d'obligation de résultat. En revanche, chaque fois que les médiés participent à l'exécution de l'obligation du médiateur, celle-ci ne peut être qu'une obligation de moyens.

Par exemple, le médiateur est tenu de respecter un délai fixé pour la conclusion de l'accord de médiation, souvent déterminé dans la convention de médiation. Le non-respect de ce délai peut parfois placer le médiateur dans l'impossibilité de faire aboutir l'accord de médiation. Il va donc de soi que sa responsabilité contractuelle puisse être engagée dans ce cas : le respect du délai constitue alors une obligation de résultat pour lui.

Cette logique est confirmée par la jurisprudence en matière d'arbitrage. La Cour de cassation française a jugé qu'« *en laissant expirer le délai d'arbitrage sans demander sa prorogation au juge d'appui, à défaut d'accord des parties ou faute pour celles-ci de la solliciter, les arbitres, tenus à cet égard d'une obligation de résultat, ont commis une faute ayant entraîné l'annulation de la sentence et ont engagé leur responsabilité* »[211]. Ici, le manquement est considéré comme contractuel, car il résulte de la non-exécution d'une obligation de résultat[212].

---

[210] Th. Clay, *op. cit.*, n° 935.

[211] Civ., 1er 6 décembre 2005, n° 03-13-116, JCP G. 2006, I, 148, n° 2, obs. C. SERAGLENI ; *rev. arb.*, 2006, p. 126, note C. JARROSSON ; *JCP* G, 2006, II, 10666, note T. CLAY ; *D.*, 2006, jurisp. 274, note P.-Y.GAUTIER; *RTD Com.*, 2006, p.299, note E. LOQUIN ; *RTD Civ.*, 2006, p.144, obs. P. THERY ; *RLDC*, 2006, p. 14, obs. F.-X. TRAIN ; *JCP* E, 2006, p.1284, note G. CHABOT ; *JCP* E, 2006, p.1395, obs. J. PAILLUSSEAU.

[212] M. MOREAU-CUCCHI. *op. cit.*, 89.

166. Il paraît plus approprié de considérer que, dans le cadre de la médiation, cette obligation constitue une obligation de résultat, car l'Acte uniforme fait de la célérité un principe directeur de la procédure. En effet, même lorsque les parties n'ont pas fixé de délai au médiateur, celui-ci doit conduire l'affaire en tenant compte de « la nécessité de parvenir rapidement à un règlement du différend »[213]. Ainsi, si les médiés n'ont pas indiqué de délai précis, on pourra retenir la notion de délai raisonnable pour apprécier la responsabilité du médiateur.

167. En ce qui concerne la responsabilité civile délictuelle, elle trouve sa source dans une faute extracontractuelle. Elle est donc concevable dans deux types de situations : premièrement si celui qui tente de la mettre en jeu n'est pas lié au médiateur par un contrat ; deuxièmement, si le médiateur s'est rendu coupable d'une faute hors du contrat.

Dans le premier cas, on pense non seulement aux tiers à l'instance de médiation auxquels celle-ci pourrait causer un préjudice imputable au médiateur, mais également aux autres intervenants à la procédure qui ne sont pas liés par le contrat violé par le médiateur.

168. Le médiateur se doit de respecter les règles de conduite que lui impose sa mission. L'AUM lui prescrit plusieurs obligations, notamment : l'obligation de confidentialité qui l'oblige à conduire sa mission dans la plus grande discrétion, sans que des informations relatives à la médiation puissent, par quelque moyen que ce soit, parvenir à la connaissance du public ; l'obligation de révélation qui consiste à dévoiler « *tout ce qui pourrait être interprété de près ou de loin comme une atteinte à son indépendance* »[214] ; ou encore l'obligation de conduire l'instance, etc.

---

213 Article 7 alinéa 2de l'AUM.

214 Th. CLAY, *L'arbitre,* Dalloz, 2001, n°394, p. 335.

Le non-respect de ces obligations légales peut être à l'origine d'un préjudice pour les médiés. C'est pourquoi HENRY estime que : « *dès lors que les devoirs d'indépendance, d'impartialité, de loyauté préexistent au contrat de (Médiation) et sont inhérents à la fonction de médiateur, leur sanction devrait relever du champ de la responsabilité délictuelle et non de celui de la responsabilité contractuelle* »[215].

Ainsi lorsque le médiateur viole une obligation légale qu'il assume en sa qualité de tiers chargé de rapprocher les parties afin qu'elles trouvent une solution à leur litige, et que cette violation cause un préjudice aux médiés, c'est sa responsabilité délictuelle qui devrait être engagée, son comportement se rattachant à sa mission et à son statut de médiateur. Il peut également voir sa responsabilité pénale engagée.

2- La responsabilité pénale du médiateur

169. Il peut arriver que, lors de l'exercice de sa mission, le médiateur commette des infractions. Une telle situation est susceptible d'engager sa responsabilité pénale. S'il s'avère, par exemple, qu'un médiateur a favorisé une partie dans les négociations en échange d'une somme d'argent, on se trouve alors en présence des éléments constitutifs de l'infraction de corruption. Une telle pratique est de nature à porter atteinte à l'ensemble de l'institution de la médiation, dont la crédibilité constitue pourtant l'essence même en tant qu'alternative à la justice étatique[216]. Les juges nationaux devraient donc appliquer au médiateur les dispositions répressives sanctionnant la corruption.

Une autre hypothèse est celle où le contrat objet de la médiation est lui-même constitutif d'une infraction. Ce sera le cas, par exemple, lorsqu'un contrat dissimule ou organise un pacte de corruption. Il en va de même lorsque

---

215 M. HENRY, « Éthique et arbitrage ou la solitude du coureur de fond », *Rev. arb.*, 2016, p.707 et s., spé. n°53, p.737.

216 CLAY (Th.), *op. cit.* p. 712 et s.

la médiation a pour finalité de faciliter la commission d'une infraction telle que le blanchiment d'argent.

170. La mise en œuvre de la responsabilité du médiateur peut être déplacée des prétoires pour n'être envisagée que dans le cadre strict de sa profession : il s'agit alors de la responsabilité extrajudiciaire.

B- La responsabilité extrajudiciaire du médiateur

171. Cette responsabilité extrajudiciaire peut être disciplinaire ou institutionnelle. Si la responsabilité institutionnelle est certaine (1), la responsabilité disciplinaire, en revanche, reste incertaine (2).

1- La certitude de la responsabilité institutionnelle

172. Comme l'indique la nature de cette responsabilité, il s'agit d'une forme de responsabilité qui s'applique dans le cadre d'une médiation institutionnelle. La médiation *ad hoc* prévue par l'Acte uniforme est donc exclue.

Le comportement du médiateur ne peut dès lors échapper au contrôle du centre de médiation qui l'a recruté. En effet, le médiateur est lié à l'institution par un ensemble d'obligations de nature contractuelle, qu'elles résultent d'un contrat dit de « collaboration » ou d'un contrat *sui generis*. Ainsi, en acceptant de figurer sur la liste du centre, le médiateur se soumet aux obligations énoncées, de manière expresse ou implicite, dans le contrat de collaboration, le règlement intérieur ou le code d'éthique ou de bonne conduite dudit centre.

173. En cas de violation de ces règles de bonne conduite, il revient à l'institution de mettre en œuvre les sanctions prévues : il s'agit de la responsabilité institutionnelle du médiateur. Nous pensons que la sanction peut prendre la forme d'une mesure financière ou de la perte de la qualité de médiateur. La sanction financière peut, par exemple, consister en une réduction ou une privation des honoraires. Cependant, il est nécessaire que l'institution rende publiques les modalités d'exercice de ce droit de sanction.[217].

174. Les manquements les plus graves peuvent conduire, selon le cas, à la révocation du médiateur par les parties ou à sa suspension ou radiation par le centre. La responsabilité disciplinaire, en revanche, demeure incertaine.

2- L'incertitude de la responsabilité disciplinaire

175. La responsabilité disciplinaire du médiateur se pose dans les mêmes termes que celle de l'arbitre. Il s'agit d'une responsabilité incertaine dans la mesure où son existence même est discutée.

La fonction de médiateur est un corps hétérogène ; toute personne peut être nommée comme médiateur. La fonction n'est donc pas une fonction uniforme dans laquelle on trouverait des personnes ayant le même profil et constituant une corporation. Comme le souligne Thomas CLAY en ce qui concerne, « *L'arbitrage (la médiation) n'étant pas un métier, il se glisse dans les interstices de la réglementation et épouse celle des autres professions : pas d'assurance, pas de fiscalité spécifique, pas d'ordre professionnel des arbitres (médiateurs), pas de déontologie, etc.* »[218]. Il est donc impossible en pratique de mettre en place un régime unique de responsabilité disciplinaire du médiateur dans la mesure où il n'existe pas un ordre professionnel des médiateurs.

---

[217] L'institution peut par exemple préciser si la sanction financière est prise au cas par cas en fonction des circonstances de l'espèce ou si un barème ou une somme forfaitaire trouve à s'appliquer.

[218] Th. CLAY, « L'arbitre est-il un être normal ? », *Mélanges R. Badinter*, Dalloz, 2016, p. 234

TITRE III : L'INSTANCE DE MEDIATION

176. Avant d'étudier l'instruction de l'affaire, (**Chapitre II**), il est important de présenter les règles processuelles de la médiation (**Chapitre I**).

CHAPITRE I

LES RÈGLES PROCESSUELLES

177. La médiation est un mode alternatif de règlement des différends. À ce titre, elle constitue une forme de justice fondée sur la base conventionnelle. Sa procédure présente donc des spécificités qui la distinguent de la justice étatique, notamment par l'importance accordée à la volonté des parties dans le déroulement de la procédure (**Section I**).

Par ailleurs, il ne faut pas oublier que la médiation reste une justice alternative à la justice étatique. On en déduit que sa procédure relève du droit processuel. À ce titre, elle doit se conformer aux principes et règles applicables en la matière et respecter l'ensemble des principes directeurs du procès, notamment le traitement juste et équitable des parties (**Section II**).

Section I : La magnificence de la volonté des parties

178. La médiation repose sur un fondement contractuel : c'est la volonté des parties qui établit la compétence du médiateur. Ainsi, ce sont elles qui peuvent, par leur consentement exprimé dans une clause de médiation, conférer le pouvoir au médiateur. Cette exigence est consacrée par l'article 8 de l'Acte uniforme relatif aux principes directeurs, qui dispose : « *Le médiateur et toute institution établie dans l'un des États Parties offrant des services de médiation adhèrent aux principes garantissant le respect de la volonté des parties (…) Le médiateur s'assure que la solution envisagée reflète réellement la volonté des parties* ».[219] La volonté des parties est particulièrement valorisée à deux niveaux : dans la détermination des règles de procédure

219 M. G.-HOFNUNG, « Le rôle de la volonté dans la médiation, le rôle de la volonté dans les actes juridiques », *Études à la mémoire du Professeur Alfred Rieg*, Éd. Bruylant, 2000, p. 427-443.

(**Paragraphe 1**) et dans la solution du litige (**Paragraphe 2**).

Paragraphe 1 : Volonté des parties et règles de conduite de l'instance

179. La médiation s'organise assez largement sur la base de la volonté des parties et bénéficie du principe de la liberté contractuelle[220]. L'instance de médiation se déroule selon une procédure bien définie, permettant d'aboutir, ou non, à un accord. La question des règles de procédure est donc essentielle, car il est nécessaire de les déterminer avec précision. faut la déterminer. A cet effet, l'AUM accorde la primauté à la volonté des parties (A). Ce n'est qu'en cas de silence de celles-ci que le médiateur est amené à se substituer (B).

A- La primauté de la volonté des parties

180. Lorsque l'article 7 de l'AUM dispose que les parties sont libres de convenir, y compris par référence à un règlement de médiation, de la manière dont la médiation doit être conduite, cela signifie qu'elles peuvent réglementer directement la procédure (1) ou soumettre la procédure à un règlement de médiation qu'elles ont choisi (2).

1- La règlementation directe de la procédure par les parties

181. Ici, les parties jouent le rôle de législateur en règlementant tous les aspects de la procédure. Il leur revient de préciser les règles relatives à l'introduction de la procédure, à la désignation du ou des médiateurs, au déroulement de la procédure, au délai et à la fin de la

---

[220] Charles JARROSSON, « Médiation », dans Denis ALLAND et Stéphane RIALS (dir.), *Dictionnaire de la culture juridique*, Paris, Presses universitaires de France, 2003, p. 1009, à la page 1011 et 1012 (l'italique est de nous).

médiation, aux frais de la médiation, etc. en d'autres termes, il s'agit pour elles « *d'inventer une procédure* »[221] en rédigeant un « Code de procédure de médiation ».

Bien que cette solution puisse sembler séduisante, elle présente des risques en cas d'oubli ou d'incohérence[222]. En effet, les parties doivent être suffisamment exhaustives pour ne laisser aucun point non traité, susceptible de constituer un obstacle. Pour procéder de cette manière, elles doivent donc posséder une bonne connaissance de la médiation ou solliciter l'aide d'un tiers.

En pratique, il est souvent recommandé aux parties de réaliser leur choix en se référant à un règlement de médiation.

2- Le choix d'un règlement de médiation

182. Les parties peuvent exprimer leur volonté en choisissant un règlement de médiation qui s'appliquera à la procédure. Cette option est beaucoup plus sécurisante, car elle leur offre un code de procédure déjà rédigé et comprenant l'ensemble des points processuels.

La prééminence de leur volonté leur permet également de combiner plusieurs éléments de procédure provenant de différents règlements de médiation, en recourant à la technique dite du « dépeçage ».

183. Ici, la volonté des parties ne disparaît pas ; elle s'exprime à travers la référence au règlement de médiation. Cette volonté est si prépondérante que les règlements de médiation précisent souvent que les règles applicables à la procédure sont celles en vigueur au jour de la soumission de l'affaire.

Le règlement de médiation est ainsi figé pour les besoins de la procédure, de sorte que les modifications

---

221 B. GOLDMAN, « La volonté des parties et le rôle de l'arbitre dans l'arbitrage international », *R. A.* n°3, p. 474.

222 P.G. POUGOUE, J. M. TCHAKOUA et A. FENEON, *Droit de l'arbitrage*, *op. cit.*, p. 112.

ultérieures, hypothétiquement inconnues des parties au moment de la convention, ne s'appliquent pas au litige[223].

184. Il peut arriver que les parties aient fait référence à un règlement de médiation, et que ce règlement se réfère à son tour à leur volonté en cas de silence. La question se pose, par exemple, dans le système d'arbitrage de la CCJA : *« Les règles applicables à la procédure devant l'arbitre sont celle que ledit Règlement prévoit et, dans le silence de ce dernier, celles que les parties ou à défaut les arbitres déterminent en se référant ou non à la loi de procédure applicable à l'arbitrage »*[224].

On constate donc que, même lorsque les parties ont choisi un règlement de médiation, leur volonté peut être sollicitée en cas de silence de ce règlement sur certains points de la procédure.

185. La volonté des parties est donc au cœur de la détermination des règles applicables à la procédure de médiation. Du point de vue de l'opportunité, ce rôle reconnu à la volonté se justifie par l'intérêt des parties et la sécurité juridique qu'il procure. La possibilité pour elles de choisir la règle applicable à la procédure leur permet de retenir une règle qui, en raison de sa teneur, leur paraît mieux adaptée à leur affaire.[225].

186. Toutefois, en cas de silence des parties, la règle applicable à la procédure est choisie par le médiateur.

B- Le choix par le médiateur

187. L'AUM dispose à l'article 7, qu'en l'absence de toute expression de volonté des parties, le médiateur mène la médiation comme il l'estime approprié, compte tenu des circonstances de l'affaire, des souhaits exprimés par les parties et de la nécessité de parvenir rapidement à un règlement du différend. Le médiateur se voit ainsi

223 *Idem.*

224 Article 16 al. 1 Règlement d'arbitrage de la CCJA.

225 P. MEYER, *Droit de l'arbitrage*, *op. cit.*, p. 193.

reconnaître la même liberté de choix que les parties. Cependant, ce choix demeure supplétif à l'expression des parties.

188. Le médiateur peut procéder de la même manière que les parties, en se référant à un règlement d'un centre, ou choisir de combiner plusieurs éléments de procédure provenant de différents règlements de médiation au moyen de la technique dite du dépeçage. Sa liberté est toutefois limitée, dans la mesure où l'Acte uniforme lui indique les paramètres devant guider son choix : il s'agit des circonstances de l'affaire, des souhaits exprimés par les parties et de la nécessité de parvenir rapidement à un règlement du différend.

189. En ce qui concerne les circonstances de l'affaire, il s'agit de choisir un code de procédure adapté au litige, prenant en compte ses spécificités. Les souhaits exprimés par les parties correspondent aux exigences qu'elles ont formulées lors de la réunion préparatoire à la médiation. Il peut s'agir, par exemple, d'exigences liées à l'intensité du rôle du médiateur. Le code de procédure choisi doit alors intégrer ces réalités.

Quant à la nécessité de parvenir rapidement à un règlement du différend, le code de procédure retenu par le médiateur doit prévoir les exigences de célérité afin d'assurer un déroulement efficace de la médiation.

L'acte uniforme indique également que la solution au litige doit être le reflet de la volonté des parties.

Paragraphe 2 : Volonté des parties et solution de l'affaire

190. Aux termes de l'article 8 de l'AUM, « *le médiateur s'assure que la solution envisagée reflète réellement la volonté des parties* ». Cette disposition souligne le caractère amiable de la médiation et démontre que la solution est le résultat d'une négociation entre les parties et dans laquelle elles se sont fait des concessions réciproques.

191. En effet, le terme « amiable » évoque l'amitié et la recherche d'un arrangement fondé sur la volonté commune des personnes concernées. Il ne suppose pas une alternative entre des procédés de nature différente, mais propose plutôt une palette de processus centrés sur la rencontre des volontés et le libre consentement, que ce soit dans le recours au processus, dans sa mise en œuvre ou dans sa conclusion.

L'accord de médiation doit donc être la résultante de la volonté des parties. Il s'agit d'une obligation pour le médiateur, sur laquelle il doit veiller attentivement. Ainsi, en tant que justice consensuelle, la médiation repose sur un dialogue restauré entre les parties au litige et œuvre à l'édification d'une société du compromis plutôt que du conflit. Justice équitable, elle tend à épurer le contentieux des contraintes du juridisme et du formalisme.

Section II : Les règles relatives à la garantie de la médiation équitable

192. Il est légitime de se demander si les garanties d'un procès équitable peuvent être envisagées en médiation. Une première réponse pourrait être négative, puisque ces garanties ont été conçues pour un règlement juridictionnel se concluant par une décision s'imposant aux parties. À cet égard, cette décision doit incarner un idéal de justice dont le procès équitable constitue l'expression la plus aboutie[226]. Cette lecture ne peut toutefois prospérer. D'une part, en présence d'une situation litigieuse, des dérives restent possibles. D'autre part, la médiation, en s'institutionnalisant et en devenant un mode normal de règlement des différends, se procéduralise et appelle naturellement l'application d'un minimum de principes. Enfin, dès lors que la médiation porte sur un objet

[226] S. GUINCHARD et alii, *Droit processuel, Droits fondamentaux du procès, op. cit*, p. 1334.

contentieux, celui-ci influence le régime qui lui est applicable.

Ainsi, la médiation doit être conduite de manière à garantir aux parties toutes les protections d'une bonne justice. Autrement dit, les parties doivent bénéficier d'une médiation équitable. C'est d'ailleurs ce qui ressort de l'Acte uniforme relatif à la médiation, lequel consacre des garanties visant, d'une part, à assurer l'efficacité de la médiation (**Paragraphe 1**) et, d'autre part, à permettre l'aboutissement à une solution juste (**Paragraphe 2**)).

Paragraphe 1 : Les garanties assurant l'efficacité de la médiation

193. L'Acte uniforme érige l'efficacité en paradigme essentiel de la médiation. Celle-ci doit être conduite de manière à garantir l'efficience du processus[227]. Cette efficacité repose sur la célérité (A) et la confidentialité (B) de la procédure, ainsi que, surtout, sur la protection du pouvoir de juger en cas d'échec de la médiation (C).

A- La célérité de la procédure

194. Lorsque les parties à un différend envisagent de saisir les tribunaux, elles doivent tenir compte deux aléas : d'une part, l'incertitude de l'issue judiciaire et, d'autre part, la durée de la procédure[228]. Cette lenteur de la justice est, du reste, dénoncée partout dans le monde. Or, dans la vie des affaires, le temps ignoré peut avoir de lourdes conséquences.

195. Le reproche le plus important formulé à l'encontre des juridictions étatiques réside dans la lenteur de leurs procédures. Elles s'adaptent difficilement à l'aphorisme anglais *time is money*, pourtant consubstantiel à la vie des

---

227 Art. 8 de l'AUM.

228 J-C. MAGENDIE, « Célérité et qualité de la justice. La gestion du temps dans le procès », Rapp. au garde des Sceaux, 15 juin 2004.

affaires. L'un des principaux défis de la médiation est précisément de rompre avec ces lenteurs. Il est bien connu que les utilisateurs des modes alternatifs de règlement des différends en général, et de la médiation en particulier, tolèrent difficilement les pertes de temps.

La célérité constitue ainsi la vertu la plus importante de la médiation, chaque système manifestant son efficacité par le niveau de rapidité qu'il offre aux médiés[229]. La médiation OHADA vise d'ailleurs à restaurer la confiance perdue en faisant de la célérité[230] de la procédure une véritable priorité.

196. La célérité apparaît alors intuitivement comme la caractéristique d'une procédure qui n'est pas lente, qui répugne l'excès de lenteur. Toutefois, elle ne saurait non plus se confondre avec la précipitation : une bonne procédure ne peut être trop rapide, c'est-à-dire expéditive[231], mais doit se dérouler dans un délai raisonnable[232].

L'application de cette notion à la médiation mérite néanmoins quelques précisions. Parvenir à une solution négociée exige en effet un temps de réflexion. Pour sy parvenir, *« il faut pouvoir prendre la mesure de ses arguments, de*

---

229 C'est dans ce sens que la CCI a adopté en 2007 un document important permettant aux parties à l'arbitrage de mieux définir leur procédure en prenant en compte le facteur temps et coût. Voir pour plus de détail, *Technique pour maîtriser le temps et les coûts dans l'arbitrage,* Rapport de la commission de l'arbitrage CCI, Publication CCI n° 843.

230 Cette notion connaît une application singulière en matière d'arbitrage. Car, la célérité est au cœur de l'institution. C'est pourquoi, les règlements d'arbitrage cantonnent dans les délais le droit d'agir des litigants et limitent dans le temps la durée de la mission des arbitres etc.

231 D. CHOLLET, *La célérité de la procédure en droit processuel*, LGDJ, 2006, p. 43 et suivant.

232 A. CLAUDIO, « La maîtrise du temps en droit processuel », *Jurisdoctoria* n° 3, 2009, p. 25. ; NDAM (I), « La protection du droit à un procès dans un délai raisonnable dans l'espace OHADA », *Rev. ERSUMA*, n° 2, mars 2013, p. 83 s.

ceux de l'adversaire, des avantages escomptés et des inconvénients attendus de la médiation. Et tout cela prend un certain temps»[233].

En matière de médiation, l'exigence de célérité demeure donc une nécessité, bien qu'elle doive être conciliée avec le temps indispensable à la réflexion et à la négociation.

197. En effet, le facteur temps, souvent compris sous l'angle du « gain de temps », est présenté comme l'un des avantages majeurs incitant les parties à choisir la médiation comme mode de règlement d'un différend[234]. C'est pourquoi, dans l'Acte uniforme, la célérité de la procédure constitue une exigence fondamentale, perceptible à plusieurs niveaux.

Dans un premier temps, le législateur confie cette mission au médiateur. Ainsi, lorsque les parties n'ont pas déterminé la manière dont la médiation doit être conduite, le médiateur la mène comme il l'estime approprié, en tenant compte des circonstances de l'affaire, des souhaits exprimés par les parties et de la nécessité de parvenir rapidement à un règlement du différend[235]. L'Acte uniforme précise d'ailleurs que « *dans tous les cas, le médiateur accomplit sa mission avec diligence* ». Le médiateur est ainsi le premier débiteur de l'exigence de célérité.

Très souvent, sa mission est en outre encadrée dans le temps, et la médiation peut prendre fin à l'expiration du délai fixé[236].

---

[233] GUINCHARD et *alii*, *Droit processuel, Droits fondamentaux du procès*, *op. cit*, p. 1347.

[234] V. à ce sujet J-C BEAUJOUR, « La médiation : un outil efficace et peu coûteux pour mieux gérer les litiges commerciaux », 3 avr. 2015, http://www.medef-id f.fr/la-mediation-un-outil-efficace-et-peu-couteux-pour-mieux-gerer-les-litiges-commerciaux/.

[235] Art. 7 al. 1 et 2 de l'AUM.

[236] Voir Art. 12 de l'AUM consacré à la fin de la procédure de médiation.

Même si les parties n'ont pas, par inadvertance, prévu un délai, la médiation doit néanmoins se dérouler dans un délai raisonnable.

Pour apprécier ce « *délai raisonnable* », les critères établis par la cour européenne des droits de l'homme nous semblent pertinents et transposables à la médiation OHADA. Selon la Cour, « *le caractère raisonnable de la durée d'une procédure s'apprécie suivant les circonstances de la cause, notamment la complexité de l'affaire, le comportement du requérant, et celui des autorités compétentes* »[237].

198. Dans un second temps, l'exigence de célérité, conçue comme un devoir de diligence s'imposant également aux parties, s'applique tout au long de la négociation. Les parties doivent accomplir avec diligence toutes les formalités qui leur incombent afin de faciliter l'issue rapide de la médiation. Ainsi, une partie qui fait traîner les négociations dans le seul but de gagner du temps, alors qu'elle sait pertinemment qu'elle ne pourra donner son accord à la solution proposée, manque à cette obligation de célérité. Sous cet angle, l'exigence de célérité n'est rien d'autre que la manifestation d'un devoir de loyauté.[238].

199. De ce qui précède, on peut déduire que la célérité exige, pour sa réalisation, un comportement loyal de la part des parties[239]. On peut y voir l'aspiration à une forme d'autorégulation des acteurs de la médiation, que l'on souhaite conforme aux idéaux d'une bonne administration

---

237 M-A EISEN, « La durée des procédures civiles et pénales dans la jurisprudence de la CEDH », *Bull. info.*, Cour cass., 1er oct. 1995, p. 3 ; Ch. MERAL, *Gazette du. Palais*, 1993, doctr. 480.

238 Dans ce sens, lire G. A. TAMKAM SILATCHOM, « La loyauté en matière de justice arbitrale : un principe directeur autonome ? », *Annales africaine*, n° 2, vol. 1, Avril 2017, pp. 233-264.

239 G. PERROT, «La loyauté procédurale », *RTD Civ.*, 2006, p. 151.

de la justice[240]. Les parties doivent s'abstenir de tout comportement susceptible de retarder le déroulement de la procédure, celle-ci pouvant en effet être fréquemment perturbée par des manœuvres dilatoires[241]. Il arrive que certaines parties déploient des stratégies procédurales inopportunes, notamment en multipliant les pertes de temps dans le seul but de ralentir la procédure[242].

200. L'intérêt de la célérité réside notamment dans le fait que la médiation constitue très souvent une procédure préalable à l'arbitrage ou à une procédure judiciaire. En effet, l'échec de la médiation conditionne fréquemment la mise en œuvre de ces mécanismes de règlement des différends. L'arbitrage de la Chambre de commerce international (CCI) a d'ailleurs anticipé cette éventualité en proposant aux parties des clauses types, rédigées en ces termes :

> « *En cas de différend résultant du présent contrat ou s'y rapportant, les parties soumettent en premier lieu le différend à la procédure prévue par le règlement de médiation de la CCI. Si le différend n'a pas été réglé dans le cas dudit règlement dans un délai de quarante-cinq jours suivant le dépôt de la demande de médiation ou dans un autre délai dont les parties peuvent convenir par écrit, le différend sera ensuite tranché définitivement suivant le règlement d'arbitrage de la Chambre de Commerce international par un ou plusieurs arbitres nommés conformément à celui-ci* ».

---

240 E. KLEIMAN et S. SALEH, « Célérité et loyauté en droit français de l'arbitrage international : quels pouvoirs et quelles responsabilités pour les arbitres et les parties », *Cahiers de l'arbitrage*, n°1, 2012, p. 108.

241 E. GAILLARD, « Les manœuvres dilatoires des parties et des arbitres dans l'arbitrage commercial international », *Rev. arb.*, 1990, p. 759 et s.

242 E. BOURSIER, *Le principe de loyauté en droit processuel*, Thèse, Dalloz, 2003, p. 45.

B- La confidentialité

201. Les modes alternatifs de règlement des différends se sont forgé la réputation d'être des processus confidentiels, et les décisions ou accords qui en résultent ne sont, en règle générale, pas diffusés. La médiation OHADA s'est construite sur cette considération. Le choix de la confidentialité y est érigé en principe directeur[243], et un article entier, l'article 10 lui est consacré. Selon cet article, « *toutes les informations relatives à la procédure de médiation doivent demeurer confidentielles, sauf convention contraire des parties, à moins que leur divulgation soit exigée par la loi ou rendue nécessaire pour la mise en œuvre ou l'exécution de l'accord issu de la médiation* ». Ce texte a le mérite de poser clairement un principe ainsi qu'une exception.

202. La confidentialité porte essentiellement sur les informations relatives à la procédure. Il s'agit concrètement des déclarations faites ou des faits admis par une partie au cours de la médiation, des propositions émises par le médiateur ou par l'une des parties, ainsi que des preuves communiquées durant la procédure. Cette obligation de confidentialité s'impose tant aux parties qu'au médiateur, y compris dans le cadre d'autres procédures.

203. Toutefois, cette obligation de confidentialité n'est pas absolue. En effet, « *Toutes les informations relatives à la procédure de médiation doivent demeurer confidentielles, sauf convention contraire des parties, à moins que leur divulgation soit exigée par la loi ou rendue nécessaire pour la mise en œuvre ou l'exécution de l'accord issu de la médiation* »[244]. Il en est de même des informations qui ont été produites dans l'instance de médiation qui peuvent « *Néanmoins être divulguées ou reçues comme éléments de preuve dans la mesure exigée par la loi ou*

---

243 Art. 8 de l'AUM sur les principes directeurs.

244 Article 10 de l'Acte uniforme.

nécessaire à la mise en œuvre ou à l'exécution de l'accord issu de la médiation ».

204. La divulgation est également autorisée lorsque la loi l'exige. C'est le cas, par exemple, lorsque la responsabilité du médiateur est engagée à l'occasion de l'exercice de sa mission. Il serait en effet paradoxal de permettre au médiateur de se prévaloir de la confidentialité pour échapper à sa responsabilité. Il ne peut donc opposer le secret professionnel dans une telle hypothèse.

205. La divulgation est également possible lorsqu'elle est rendue nécessaire pour la mise en œuvre ou l'exécution de l'accord issu de la médiation. Il s'agit d'une autre limitation à l'obligation de confidentialité dont l'objectif est de garantir l'efficacité de la médiation. En effet, il peut arriver qu'après qu'un accord ait été conclu, que certaines informations soient divulguées afin de permettre que l'accord soit appliqué correctement. Par exemple, si une partie refuse de respecter les termes de l'accord, il peut être nécessaire de communiquer certaines informations pour faire exécuter cet accord devant une autorité compétente.

C- La protection du pouvoir de juger en cas d'échec de la médiation

206. Comme il a été rappelé précédemment, la médiation constitue parfois une étape préalable à l'arbitrage ou à une procédure judiciaire en cas d'échec. Lorsque la confidentialité n'est pas strictement assurée, le pouvoir juridictionnel peut être compromis, et les parties peuvent légitimement craindre que les propos qu'elles ont tenus lors de la médiation leur soient ultérieurement opposés[245]. Afin de préserver l'intégrité des procédures ultérieures, tout en garantissant aux parties que leurs déclarations faites au cours d'une médiation infructueuse

[245] S. GUINCHARD et *alii*, *Droit processuel, Droits fondamentaux du procès*, *op. cit*, p. 1355.

ne pourront être utilisées contre elles, l'Acte uniforme consacre un principe applicable à la procédure arbitrale, judiciaire ou à toute procédure analogue, qu'elle se rapporte ou non au différend ayant fait l'objet de la médiation.

L'article 11 dudit Acte uniforme est assez prolixe sur le régime de la recevabilité des preuves dans une autre procédure : « *Une partie à la procédure de médiation, le médiateur et toute tierce personne, y compris celles qui ont été associées à l'administration de la procédure de médiation, ne peuvent, dans une procédure arbitrale ou judiciaire ou dans une procédure analogue ni invoquer ni présenter l'un ou l'autre des éléments de preuve ci-après ni témoigner à leur sujet :*

a) une invitation à la médiation adressée par une partie ou le fait qu'une partie était disposée à participer à une procédure de médiation, sauf lorsqu'une partie doit prouver l'existence d'un accord ou de l'envoi d'une invitation pour engager le processus de médiation en relation avec l'article 4 du présent Acte uniforme ;

b) les vues exprimées ou les suggestions faites par une partie au cours de la médiation concernant une solution éventuelle de règlement du différend ;

c) les déclarations faites ou les faits admis par une partie au cours de la procédure de médiation ;

d) les propositions faites par le médiateur ou par l'une des parties ;

e) le fait qu'une partie a indiqué être disposée à accepter une proposition de règlement présentée par le médiateur ou par l'autre partie ;

f) *un document établi aux seules fins de la procédure de médiation* ».

L'article poursuit en indiquant que la confidentialité s'applique quel que soit le support ou la forme des informations ou des éléments de preuve qui s'y trouvent visés. Il s'agit alors d'une exigence de confidentialité étendue.

207. Cette obligation de confidentialité s'impose au juge, à l'arbitre, etc. En effet, le même article poursuit en disposant que : « *La divulgation des informations visées à l'alinéa*

1 du présent article ne peut être ordonnée par un tribunal arbitral, une juridiction étatique ou une autre autorité publique compétente. Si de telles informations sont présentées comme éléments de preuve en violation des dispositions de l'alinéa 1 du présent article, ceux-ci sont irrecevables ».

208. Ces mesures visent à prémunir le juge ou l'arbitre contre tout préjugé lorsqu'ils seront amenés à connaître ultérieurement du différend. En effet, en examinant les conditions dans lesquelles s'est déroulée la médiation, il existe un risque que le litige soit tranché en considération de ce qui a été dit et fait au cours de cette procédure. La connaissance du contenu des négociations pourrait influencer le juge ou l'arbitre lorsqu'il tranchera le litige. Celui-ci pourrait alors se comporter en juge de la médiation plutôt qu'en juge du litige.

209. Comme étudié précédemment, le législateur OHADA a prévu la possibilité pour les parties de renoncer conventionnellement au bénéfice de la confidentialité. Elles peuvent alors produire les documents relatifs à la médiation au cours de la procédure judiciaire ou arbitrale qui suit un éventuel échec de celle-ci. Cette solution n'est guère surprenante, dans la mesure où « *les parties considèrent que la médiation fait partie intégrante du litige et que juger la médiation, c'est aussi juger le litige* »[246]. Dans une telle hypothèse, la médiation s'inscrit comme la suite naturelle du contrat dont elle découle.

Paragraphe 2 : Les garanties permettant d'aboutir à une solution juste

210. Pour être efficace et susciter l'adhésion des parties, la médiation doit garantir toutes les exigences propres à une bonne administration de la justice. Ces garanties comprennent : le traitement juste et équitable (A) et le respect du principe du contradictoire (B).

---

[246] S. GUINCHARD et *alii*, *op. cit*, p. 1358.

A- Le traitement juste et équitable

211. On a pu penser que le traitement juste et équitable était uniquement destiné au règlement juridictionnel des litiges, dans la mesure où, dans le cadre du règlement amiable, il n'y a pas véritablement une confrontation entre les parties. Toutefois, ce raisonnement ne convainc pas. La possibilité offerte aux parties d'exposer leur cause au cours de la médiation suffit à montrer l'importance de ce principe. L'aboutissement à une solution amiable résulte souvent d'échanges parfois tendus entre les parties, et le médiateur doit être en mesure de les traiter équitablement.

C'est dans ce sens que le traitement équitable constitue une obligation imposée au médiateur par l'Acte uniforme. À l'article 7, alinéa 3, il est précisé que le médiateur accomplit sa mission avec diligence et accorde un traitement équitable aux parties. Le traitement juste et équitable renvoie ici au principe d'égalité, à l'égalité des armes et à la neutralité du médiateur. Chaque partie doit pouvoir exposer sa cause dans des conditions qui ne la désavantagent pas[247]. Cette exigence se justifie par le fait que le médiateur peut, à tout stade de la médiation et selon les demandes des parties ainsi que les techniques qu'il juge les plus appropriées au regard des circonstances du différend, formuler des propositions visant à faciliter le règlement du différend.

B- Le principe de la contradiction

212. La question de l'application de certains principes directeurs du procès à la médiation se pose parfois, notamment celle du principe du contradictoire. En réalité, la médiation n'étant pas un procès, les règles strictes du procès ne s'y appliquent pas. Toutefois, des règles

---

247 V. exemple Aff. Ruiz Mateos c/ Espagne, Arrêt du 23 juin 1993, Série A, n° 262

analogues, fondées sur les mêmes principes — telles que le traitement loyal et égal des parties — suffisent à garantir la valeur et l'efficacité de la médiation, sans qu'il soit nécessaire de recourir artificiellement aux catégories des règles processuelles[248].

Bien que l'Acte uniforme ne se soit pas expressément prononcé sur la question, il convient de s'aligner en faveur de la transposition de ce principe dans le droit de la médiation OHADA. En effet, le respect du contradictoire, principe inhérent à la résolution des litiges, n'est pas négociable[249]. Ce choix se justifie par le fait que le principe de la contradiction est considéré comme l'expression du devoir de loyauté que les parties et le médiateur doivent respecter au cours de la procédure[250]. Donner la possibilité de contredire, c'est offrir à chacun une chance de convaincre.

C'est pourquoi, lors de leurs échanges, les parties confrontent leurs arguments afin de trouver une solution médiane, qui prendra l'appellation d'accord de médiation.

En somme, « *la discussion favorise la réflexion ; elle permet de faire la lumière* »[251]. Le respect du contradictoire est aujourd'hui considéré comme un moyen de favoriser la manifestation de la vérité, ainsi que de permettre l'élaboration de l'accord le plus juste possible[252].

---

248 Ch. JARROSON, *op. cit.*, p. 1012

249 S. GUINCHARD et *alii*, *op. cit*, p. 1350.

250 G. A. TAMKAM SILATCHOM, *op. cit.*

251 251 S. GUINCHARD et *alii*, *op. cit*, p. 1351.

252 M-A FRISON-ROCHE, Généralité sur le principe du contradictoire, Thèse, Paris 2, 1988.

CHAPITRE II
L'INSTRUCTION

213. C'est durant l'instruction que les protagonistes à la médiation recherchent un accord amiable. l'accord amiable est recherché par les différents protagonistes. Nous verrons d'abord comment celle-ci se déroule (**Section I**), puis son dénouement (**Section II**).

Section I : Le déroulement de l'instruction

214. C'est à ce stade que le médiateur pose les jalons du règlement amiable du différend. Contrairement aux modes juridictionnels de règlement des litiges, tels que l'arbitrage, la médiation présente des particularités propres au moment de l'instruction. Il s'agit ici d'exposer l'esprit qui doit y régner (Paragraphe 1), l'office du médiateur (Paragraphe 2) ainsi que le rôle des avocats (Paragraphe 3).

Paragraphe 1 : L'esprit de la médiation

215. La médiation est un processus de règlement des différends dont l'esprit repose sur le rapprochement et la pacification. Ces principes devraient guider l'ensemble des acteurs au cours de l'instruction. Si le rapprochement se manifeste tout au long du processus, la pacification, quant à elle, se reflète dans le résultat obtenu.

216. S'agissant du rapprochement, l'esprit de la médiation permet aux parties de se réapproprier le conflit ainsi que leur propre destinée[253]. À cet égard, elles doivent oser se rapprocher, notamment par l'entremise du médiateur, qui joue le rôle de pont et incarne une fonction réunificatrice. Sa présence est fondatrice, structurante et stabilisatrice[254]. Il aide les parties à *confronter leurs points de vue*

253 N. DION « L'esprit de la médiation », *Petites affiches*, 24/12/2013, n° 358, p. 4.
254 *Idem.*

— c'est-à-dire à dialoguer — et à *trouver*, donc à créer, une solution. Le médiateur est un facilitateur du dialogue. Ainsi, tout au long du processus, l'esprit de la médiation est celui du rapprochement, dont la finalité est la pacification.

217. En ce qui concerne la pacification, l'objectif de la médiation est de favoriser la résolution du différend et de permettre, dans la mesure du possible, une réconciliation. L'esprit de la médiation se concrétise alors dans la formalisation d'un accord que les parties peuvent idéalement aménager de manière satisfaisante pour chacune d'elles[255]. Il s'agit, en somme, du rétablissement d'un lien social[256]. Ainsi, dans la crise globale et permanente[257] qu'elles traversent, l'esprit de la médiation permet de cultiver un véritable "*art du lien*"[258]. Il ouvre un espace relationnel d'écoute et de dialogue, qui résiste à l'individualisme et à la violence contemporaine. Il offre également un temps qualitatif de réflexion et de créativité, en opposition à la logique quantitative, à l'accélération[259], de la vie moderne et à la densification normative[260] de notre époque.

Paragraphe 2 : L'office du médiateur

218. Le rôle inhérent à toute instance de médiation consiste, en vue d'aboutir à un accord, à écouter les parties afin d'identifier et de dégager une solution qui reflète véritablement leur volonté. En ce sens, le médiateur est le

---

255 *Idem.*

256 Sur la médiation « création ou re-création de liens » : J.-F. Six, V. MUSSAUD, *Médiation*, Seuil, 2002, p. 92

257 M. REVAULT D 'ALLONNES, *La crise sans fin*, Seuil, 2012.

258 N. DION « L'esprit de la médiation », *op. cit.* p. 6.

259 H. ROSA, *Aliénation et accélération*, La Découverte, 2012.

260 C. THIBIERGE et *alii*, *La Densification normative*, Mare & Martin, 2013.

tiers chargé de rapprocher les parties pour qu'elles parviennent elles-mêmes à résoudre leur différend.

Il assiste les parties dans leurs négociations en vue de parvenir à une résolution mutuelle acceptable et satisfaisante de leur différend. À cette fin, l'Acte uniforme indique qu'il « *peut rencontrer les parties ou communiquer avec elles, ensemble ou séparément* »[261]. Deux options s'offrent ainsi à lui dans le cadre des auditions : les recevoir conjointement ou les entendre séparément.

219. L'entretien « ensemble » intervient lorsque le médiateur décide d'auditionner les parties simultanément. C'est à ce moment qu'il examine leurs prétentions respectives et les aide à clarifier leurs points de vue. Il analyse avec chacune d'elles sa position dans le différend et s'assure qu'elle comprend parfaitement celle de l'autre[262]. Le médiateur peut, à l'occasion, donner un avis sur les forces et les faiblesses de leurs positions, inviter chaque partie à préciser ses propos, à aller au bout de ses idées, voire reformuler certaines interventions[263]. Il veille à ce que chacune puisse s'exprimer librement afin de favoriser la prise de conscience de ses désirs, besoins et projets[264]. Son écoute active permet d'aider chaque partie à exposer ses arguments et à reformuler ses propos de manière à les rendre pleinement audibles pour l'autre.

220. Le médiateur peut également décider de s'entretenir avec les parties séparément. A cet égard, l'Acte uniforme précise que « *Lorsque le médiateur souhaite rencontrer ou s'entretenir avec l'une des parties et/ou son conseil séparément, il en informe l'autre partie et/ou son conseil au préalable ou dès que possible après sa rencontre ou communication unilatérale avec l'une des parties* ».

---

261 Article 9 de l'Acte uniforme.

262 N. DION « L'aventure de la médiation », *Petites affiches* 29/07/2003, n° 50, p. 4.

263 *Idem.*

264 *Ibidem.* .

Ce droit d'option du médiateur découle de l'article 7 de l'Acte uniforme, lequel prévoit que, lorsque les parties n'ont pas défini les règles de procédure, le médiateur conduit la procédure comme il l'estime approprié, eu égard aux circonstances de l'affaire. La seule condition qui lui est imposée est d'informer obligatoirement l'autre partie — ou son conseil — de toute communication ou audition menée séparément.

221. Sur le plan de la mise en œuvre de cette audition séparée, le médiateur examine les prétentions de chaque partie et les aide à clarifier leurs points de vue. Il peut, à l'occasion, donner un avis sur les forces et les faiblesses de leurs positions. Lorsqu'il reçoit des informations relatives au différend, il doit les communiquer à toute autre partie à la médiation.

Toutefois, si une partie lui transmet une information sous la condition expresse qu'elle demeure confidentielle, celle-ci ne doit être révélée à aucune autre partie. Tel est le sens de l'article 9, alinéa 2, de l'Acte uniforme.

222. De toute manière, le médiateur n'est qu'un facilitateur : son rôle consiste à aider les parties à trouver par elles-mêmes une solution satisfaisante à leur différend, sans pour autant les empêcher de leur soumettre — mais sans jamais leur imposer — des propositions appropriées[265]. Il est d'ailleurs difficile, à la lecture de l'Acte uniforme, de discerner la subtile distinction entre le rôle du conciliateur et celui du médiateur. Tandis que le médiateur peut donner son avis, voire proposer une solution, le conciliateur se limite à aider les parties à parvenir à un règlement amiable. Le législateur de l'OHADA édicte un régime unique qui ignore de telles subtilités, fondées sur la dénomination de la tierce personne sollicitée et sur la portée de sa mission.[266].

---

265 D. COSSI SOSSA, J.M. TCHAKOUA, *op. cit.* p. 353.

266 *Idem.*

Cependant, le rôle du médiateur se distingue nettement de celui du juge ou de l'arbitre : il ne dispose d'aucun pouvoir juridictionnel lui permettant de trancher le litige et de rendre une décision contraignante pour les parties.

Paragraphe 3 : Le rôle des avocats

223. On a parfois présenté la présence des avocat-conseils dans la médiation comme un obstacle au bon déroulement du processus[267]. Cependant, rien ne leur interdit de participer à la médiation en tant que conseillers des parties, et rien ne les y oblige non plus : leur intervention dépend entièrement de la volonté des parties. Pour mieux cerner le rôle de l'avocat dans le processus, il convient d'analyser les différentes étapes de la procédure[268].

224. Dans la phase préparatoire, qu'ils soient présents ou en retrait, les avocats interviennent comme conseillers des parties. Ils les assistent notamment dans le choix du médiateur, en tenant compte de son profil, de ses compétences, de ses spécialisations, des langues de travail et parfois même de sa nationalité. Plus en amont encore, l'avocat peut, lors de la négociation et de la rédaction du contrat liant les parties — et à l'origine du litige —, prévoir l'insertion d'une clause de médiation, seule ou combinée avec d'autres modes de règlement des différends.

225. Lors de la première étape, au cours de laquelle les parties exposent les faits ayant conduit au conflit, les avocats se contentent de compléter et de nuancer le récit de leur client.

---

267 B. BOLI DJIBO, « les obstacles à la médiation dans l'espace OHADA », *Lexbase*, édition spéciale OHADA du 12 avril 2018, p. 34 et s.

268 Jean A. MIRIMANOF, « Quels rôles pour l'avocat en médiation commerciale », *Cahier de l'arbitrage* n° 3, 2018, p. 439.

226. Lors de la deuxième étape, les parties prennent d'abord la parole, ce qui permet parfois aux avocats de se dispenser d'être présents. Alternativement, ils peuvent jouer un rôle similaire à celui d'un coach auprès de leur client, l'aidant à s'exprimer, à préciser ses propos et, le cas échéant, à tempérer ses émotions[269].

227. Lors de la troisième étape, le rôle des avocats s'amplifie, car ils sont appelés à proposer des options qui ne seront ni jugées ni censurées à ce stade, mais élargies et éventuellement combinées entre elles. Les avocats accompagnent leurs clients et participent au déroulement de cette phase de manière créative, flexible et constructive[270].

228. Lors de la quatrième étape, les avocats s'impliquent davantage dans l'affinement, l'amendement et la sélection des options qui se sont dégagées. Ils participent activement à la recherche de l'accord en veillant à la protection des intérêts de leur client. Une fois la négociation aboutie, ils contribuent également à la rédaction de l'accord de médiation.

229. Dans la dernière étape, celle de l'exécution de l'accord de médiation, les avocats évaluent la nécessité de renforcer l'accord afin de lui conférer la force exécutoire d'un jugement, soit par le biais d'une homologation, soit par un acte authentique exécutoire.

Section II : Le dénouement de l'instruction

230. Deux issues sont logiquement possibles pour une procédure de médiation. Il peut arriver que les parties parviennent à un accord sur le règlement de leur différend, nécessitant alors la conclusion de l'accord de médiation : c'est le dénouement heureux (**Paragraphe 1**). Dans le cas

269 *Idem.*

270 *Idem.*

contraire, il s'agira d'un dénouement malheureux (**Paragraphe 2**).

Paragraphe 1 : Le dénouement heureux : la conclusion de l'accord

231. Aux termes de l'article 12 de l'Acte uniforme, *"la procédure de médiation prend fin par la conclusion d'un accord écrit issu de la médiation, signé par les parties et, si celles-ci en font la demande, par le médiateur"*. Il s'agit d'un acte qui doit respecter des conditions tant de forme (A) que de fond (B).).

A- Les conditions de forme de l'accord de médiation

232. Quelle forme doit prendre l'accord de médiation ? Doit-il obligatoirement être sur la forme écrite ? Que se passe-t-il si les parties n'ont pas matérialisé leur accord par écrit ? À ces questions, l'Acte uniforme apporte une réponse péremptoire qui ne laisse aucune liberté aux parties.

En effet, l'écrit est érigé en condition d'existence de l'accord, au détriment d'un accord verbal. L'article 12 de l'Acte uniforme précise clairement que « *La procédure de médiation prend fin par la conclusion d'un accord écrit issu de la médiation signé par les parties et, si celles-ci en font la demande, par le médiateur* ». L'article 16, alinéa 1, poursuit : « *Si, à l'issue de la médiation, les parties concluent un accord écrit réglant leur différend, cet accord est obligatoire et les lie. L'accord issu de la médiation est susceptible d'exécution forcée* ».

Ainsi, en l'absence d'écrit, l'accord ne peut avoir de force obligatoire. L'écrit constitue donc une condition de preuve, car il permet de connaître le contenu de l'accord et l'étendue des engagements des parties. Il est également essentiel pour prévenir toute contestation ultérieure.

233. Il est toutefois concevable d'imaginer une médiation qui, bien que couronnée de succès, ne serait pas formalisée par un écrit. Dans ce cas, l'exécution de l'accord dépendrait uniquement de la bonne foi des parties.[271].

Or, on sait que la bonne foi n'est pas toujours la règle dans les relations commerciales. Les parties ont donc intérêt à rédiger un écrit décrivant précisément les éléments de l'accord issu de la médiation, ce qui faciliterait son exécution, y compris de manière forcée si nécessaire.

234. Les aspects formels sur lesquels on aurait pu attendre davantage de précisions de la part de l'Acte uniforme concernent notamment la langue de l'accord et son contenu. S'agissant de la langue, il est logique que l'accord soit rédigé dans celle qui a prévalu lors du déroulement de la procédure. Toutefois, les parties peuvent convenir d'y déroger et demander que l'accord soit rédigé dans une autre langue.

En revanche, au stade de l'homologation ou de l'exécution de l'accord, celui-ci devra, le cas échéant, être traduit dans la langue du lieu où son homologation ou son exécution est sollicitée.

235. En ce qui concerne sa présentation, il va de soi que l'accord de médiation doit comporter des mentions obligatoires, sans lesquelles l'acte perdrait tout son sens. Au-delà de l'exigence de clarté et de précision, l'accord devra contenir les éléments suivants :

- **Les noms, prénoms ou dénomination des parties**, ainsi que leur domicile ou siège social ; le cas échéant, le nom des avocats ou de toute personne ayant représenté ou assisté les parties ;
- **L'objet de l'accord** afin que chaque partie sache exactement ce à quoi elle s'est engagée.

---

[271] G. BLANC, « Les suites de l'accord amiable en Afrique », *in L'accord amiable et après*, PUAM, 2020, p. 205

L'objet de l'accord se définit avec la plus grande précision afin qu'il n'y ait aucune équivoque ou ambigüité. En cas de transaction, les concessions réciproques des parties devront être rappelées ;

- **La signature des parties** : c'est une formalité substantielle dont l'absence peut invalider l'accord, car elle matérialise l'adhésion des parties.

Pour ce qui est de la signature du médiateur, l'Acte uniforme indique implicitement qu'elle n'est pas obligatoire dans la mesure où il ne peut signer que si les parties en font la demande. Ainsi, « *en laissant au médiateur la liberté d'inscrire ou non son nom sur l'accord transactionnel, l'Acte uniforme maintient sa neutralité et son indépendance, et ce, quand bien même son intervention peut s'avérer opportune pour s'assurer que le contenu de l'accord transactionnel reflète bien la volonté des parties* »[272].

En plus de ces éléments substantiels de forme, l'accord de médiation peut également contenir :

- La clause de confidentialité qui ne pourra être levée que si l'une des parties sollicite l'homologation ;
- La répartition des frais de médiation, le cas échéant ;
- Les modalités d'exécution de l'accord.

B- Les conditions de fond

236. Il ne faut pas perdre de vue que les accords issus de la médiation peuvent être de deux types : soit un accord de médiation au sens strict, soit une transaction au sens de l'article 2044 du Code Civil. Comme le souligne un auteur, « *dans le cadre d'une médiation conventionnelle, les parties qui s'entendent sur la résolution de leur différend ne recherchent pas tant une solution équitable, mais une solution qui corrobore leurs attentes*

---

[272] J.M. TCHAKOUA et A. FENEON, *op. cit.*, p. 358.

et intérêts personnels. Toute médiation conventionnelle n'entraîne pas (nécessairement) de concessions réciproques »[273].

237. Toutefois, qu'il s'agisse d'un accord de médiation au sens strict ou d'une transaction, il s'agit d'un contrat au sens de l'article 1101 du Code civil, aux termes duquel *« le contrat est une convention par laquelle une ou plusieurs personnes s'obligent envers une ou plusieurs autres à donner, à faire ou à ne pas faire quelque chose »*. En tant que tel, l'accord de médiation a la valeur d'un contrat et repose sur le consentement des parties, leur capacité de contracter, un objet certain formant la matière de l'engagement et une cause licite.[274]. Ainsi, l'accord de médiation doit respecter les conditions de fond de validité d'un contrat. A cet égard, le consentement des parties à la médiation doit être protégé. Il doit être exempt de tout vice.

238. Pour que l'accord de médiation se forme valablement, il ne suffit pas que le consentement émane de personnes en pleine possession de leurs facultés mentales ; il faut encore qu'elles présentent certaines qualités. Conclure un accord de médiation, ce n'est pas seulement consentir, c'est consentir en pleine connaissance de cause et librement. L'accord de médiation cessera alors d'être valable lorsque le consentement de l'une des parties est entaché d'un vice qui altère sa lucidité ou sa liberté.

239. Si, par exemple, une partie à la médiation se représente de manière erronée les éléments de l'accord, son consentement ne sera pas lucide, puisqu'elle se sera déterminée sur des données inexactes. Dans cette hypothèse, c'est l'erreur qui est à l'origine de ce défaut de lucidité. Lorsqu'elle est spontanée, on parle d'erreur au sens strict, et lorsqu'elle est provoquée, on parle de dol[275].

---

273 Voir A. OGOUBI AKILOTAN, L'introduction de la médiation conventionnelle dans l'espace OHADA, Mémoire master II, Paris 1, p. 71

274 Article 1108 du Code civil.

275 Fr. TERRE et *alii, op. cit.*, p. 231.

Par ailleurs, si une partie donne son accord sous le coup de la pression, son consentement n'est pas libre. On parle alors de violence.

240. Pour ce qui est du contenu de l'accord, les parties ne sont pas libres de conclure ce qu'elles veulent. L'accord ne se forme valablement que si son contenu satisfait à certaines exigences : un objet déterminé et licite et une cause existante et licite.

Par la première exigence, à savoir l'objet déterminé et la cause existante, il s'agit de protéger les intérêts des parties à la médiation, alors que pour la deuxième exigence, à savoir l'objet et la cause licite, il s'agit de protéger l'intérêt général.

D'ailleurs, l'accord de médiation n'échappe pas à l'article 6 du Code civil, aux termes duquel « *on ne peut déroger par des conventions particulières aux lois qui intéressent l'ordre public et les bonnes mœurs* ». La question de la conformité de l'accord de médiation avec l'ordre public se posera au moment de son homologation par le juge.

241. Pour ce qui est de la capacité, l'article 2045 du Code civil dispose que « *pour transiger, il faut avoir la capacité de disposer des choses comprises dans la transaction* ». Ainsi, la transaction est un acte de disposition pour lequel il faut avoir la capacité juridique.

La transaction est donc interdite aux majeurs incapables. Dans ces cas, l'acte ne pourra être conclu que par leurs représentants et dans les conditions définies par la loi. Ainsi, le tuteur ne pourra transiger au nom du mineur qu'après y avoir été autorisé par le conseil de famille[276]. Pour une société, il faut avoir le pouvoir de l'engager, notamment par le biais d'un mandat.

---

[276] Article 467 du Code civil.

Paragraphe 2 : Le dénouement malheureux : l'échec de la médiation

242. Le choix de la voie de la médiation pour le règlement des différends n'est pas toujours heureux en raison du risque d'échec. Cet échec peut être imputable aux parties (A) au médiateur (B). Quel que soit le motif de l'échec, il faudra le prouver (C).

A- L'échec du fait des parties

243. L'article 16 de l'Acte uniforme indique trois hypothèses dans lesquelles la médiation peut prendre fin du fait des parties. Il en ainsi lorsque :

- la déclaration écrite du médiateur indique, après consultation des parties, que de nouveaux efforts de médiation ne se justifient plus, à la date de la déclaration, ou lorsqu'une des parties ne participe plus aux réunions de médiation malgré des relances du médiateur ;
- la déclaration écrite des parties adressée au médiateur indique qu'elles mettent fin à la procédure de médiation, à la date de la déclaration ;
- la déclaration écrite d'une partie adressée à l'autre partie ou aux autres parties et, si un médiateur a été nommé, au médiateur, indique qu'il est mis fin à la procédure de médiation, à la date de la déclaration.

244. Il ressort en général de ces hypothèses que deux situations peuvent conduire à la fin de la médiation : soit les parties utilisent des manœuvres dilatoires pour montrer leur désintérêt à l'égard de la médiation, soit elles décident unilatéralement de se retirer.

Dans la première éventualité, il s'agit de la situation où le médiateur estime que la procédure ne peut plus se poursuivre. C'est le cas, par exemple, lorsque le médiateur estime que l'une des parties a déjà des idées préconçues, c'est-à-dire lorsqu'elle a fait comprendre directement ou indirectement, au médiateur qu'elle ne donnera pas son accord pour la solution qui interviendra. C'est également le cas lorsqu'une partie cesse de participer aux réunions ou ne répond plus aux convocations et relances du médiateur.

Dans ces situations, et pour des raisons de célérité — principe directeur de la médiation — il revient au médiateur de constater cette carence par écrit. Toutefois, il ne le fait pas de façon unilatérale. L'Acte uniforme indique qu'il doit le faire après consultation des parties. Cette consultation vise à recueillir leur avis sur la suite à donner à la procédure. C'est l'occasion pour la partie qui ne souhaite plus poursuivre la médiation de le faire connaître. Le silence d'une partie après cette consultation devrait normalement être interprété comme un refus de poursuivre la procédure.

245. Dans la seconde éventualité, la décision de mettre fin à la médiation appartient aux parties. La partie qui souhaite ne plus poursuivre la procédure doit en informer l'autre ou, le cas échéant, le médiateur. La décision est donc prise unilatéralement et soulève la question de la force obligatoire de la clause de médiation. Autrement dit, une partie ayant donné son consentement à la médiation est-elle tenue de la poursuivre jusqu'à son terme ?

Au regard de cette possibilité unilatérale de mettre fin à la procédure, la réponse ne peut être que négative : une partie n'est pas obligée de poursuivre la médiation jusqu'à son terme. C'est la primauté de la volonté des parties qui constitue le cœur du processus. Ainsi, le recours à la médiation traduit uniquement une renonciation temporaire au droit d'accès au juge. Il ressort alors que la clause de médiation n'oblige pas les parties à parvenir à un accord, mais à mettre loyalement en œuvre les moyens en vue de trouver une solution[277]. C'est la raison pour laquelle l'article 4, alinéa 4, de l'Acte uniforme précise « *Sauf*

---

277 S. GUINCHARD et *alii, op. cit.*, p. 1331.

convention contraire des parties, le début de la procédure de médiation suspend le délai de prescription de l'action. Lorsque la procédure de médiation a pris fin sans qu'un accord issu de la médiation soit intervenu, le délai de prescription recommence à courir, pour une durée qui ne peut être inférieure à six (06) mois, à compter du jour où la médiation s'est achevée sans accord».

B- L'échec du fait du médiateur

246. La seule hypothèse d'échec de la médiation imputable au médiateur, prévue par l'Acte uniforme, est celle de l'expiration du délai. En effet, la médiation est une procédure amiable de règlement des différends, limitée dans le temps. Lorsque le délai fixé par les parties expire, la médiation doit normalement prendre fin, sauf si les parties décident conjointement de le proroger en accord avec le médiateur.

Dans ce cas, l'échec est imputable au médiateur, car l'expérience montre que la fin de la médiation à l'expiration du délai résulte soit de son laxisme, soit de son indisponibilité. On parle de laxisme lorsqu'il n'est pas suffisamment diligent ou qu'il ne relance pas les parties à temps.

C- La preuve de l'échec

247. Quelle que soit l'hypothèse d'échec de la médiation, l'Acte uniforme impose une prescription formelle visant à en établir la preuve. En effet, la fin de la médiation doit être constatée par écrit. La partie qui entend se prévaloir de cette fin est tenue d'en apporter la preuve[278].

Si cette preuve doit en principe être l'écrit qui constate la fin de la médiation, l'Acte uniforme, pour des raisons de flexibilité, indique qu'elle peut être apportée «*par tout moyen*». L'écrit est ainsi privilégié au plan de la preuve, sans cependant être exclusif. Le législateur a certainement pris

---

[278] Article 12 Acte uniforme.

en compte les difficultés qu'il y aurait à établir la preuve de la fin d'une médiation en dehors de l'écrit.

Lorsque l'écrit n'existe pas, il faut recourir à tout moyen permettant de l'administrer. Or, l'Acte uniforme ne précise pas la forme de ces autres moyens de preuve. Si l'accord verbal des parties sur la fin de la médiation constitue une forme de preuve acceptable, il peut être matérialisé de différentes manières.

Par exemple, dans plusieurs cas, le recours à la médiation constitue une étape préalable à un recours judiciaire ou arbitral. Lorsque l'une des parties engage l'une de ces voies alternatives et que l'autre la suit dans ce sens, cette attitude peut être considérée comme une preuve de la fin malheureuse de la médiation.

TITRE IV
LA PHASE POST-MEDIATION

248. La phase post-médiation peut être étudiée selon que l'issue de la médiation ait été heureuse ou non. Lorsque l'issue n'a pas été heureuse, c'est-à-dire en l'absence d'accord, il revient à la partie la plus diligente d'engager la procédure judiciaire ou arbitrale, selon le cas. Il en est ainsi parce que la médiation est très souvent envisagée comme un préalable à la recevabilité d'une action contentieuse[279].

249. Par contre, la phase post-médiation devient particulièrement intéressante lorsqu'il y a un accord, car celui-ci produit un certain nombre d'effets (**Chapitre I**), dont la possibilité d'exécution (**Chapitre II**).

---

279 Sur la question, lire l'article 15 de l'AUM.

CHAPITRE I
LES EFFETS DE L'ACCORD DE MEDIATION

250. L'accord de médiation produit deux types d'effet : un effet processuel manifesté par l'autorité de la chose jugée (**Section I**) et un effet contractuel matérialisé par la force obligatoire (**Section II**).

Section I : L'effet processuel : l'autorité de la chose jugée

251. L'Acte uniforme ne se prononce pas sur la nature juridique de l'accord de médiation. S'agit-il d'une transaction au sens des articles 2044 et suivants du Code civil ? Il semble que tous les éléments constitutifs de la transaction soient réunis dans cet accord. En effet, la transaction est un accord conclu sur la base de concessions réciproques, dont le but est de mettre un terme à un différend[280].

252. Cette précision étant faite, bien que l'Acte uniforme ne le mentionne pas, l'accord de médiation possède l'autorité de la chose jugée dès lors qu'il présente un caractère transactionnel, c'est-à-dire qu'il mentionne clairement les concessions réciproques de chacune des parties[281]. Cette autorité de la chose jugée trouve son fondement dans l'article 2052 du Code civil aux termes duquel « *les transactions ont, entre les parties, l'autorité de la chose jugée en dernier ressort. Elles ne peuvent être attaquées pour cause d'erreur de droit, ni pour cause de lésion* ».

L'accord de médiation donne ainsi lieu à une exception, l'exception de chose jugée[282]. Il s'ensuit qu'une partie ne

---

280G. CORNU, *Vocabulaire Juridique*, *op. cit*, p. 1200.

281 J.M. TCHAKOUA et A. FENEON, *op. cit.*, p. 358.

282 C. BLERY, « Qu'est-ce que l'autorité de la chose jugée ? Une question d'école ? », *Procédures* 2007. Étude 11, spéc. n° 1 ; L'efficacité substantielle des jugements civils, thèse, LGDJ, 2000, n os 177 s.

peut engager un procès sur une matière ayant déjà fait l'objet d'un accord, ni engager une procédure arbitrale pour la même affaire.

Par exemple, un accord de médiation portant sur l'exécution d'un contrat interdit que l'une des parties réclame ultérieurement en justice ou devant un tribunal arbitral l'exécution de ce contrat. Sur le plan procédural, cet effet se traduit par la possibilité pour la partie intéressée d'invoquer l'accord de médiation devant la juridiction ou le tribunal arbitral abusivement saisi, afin d'obtenir une décision d'irrecevabilité. L'action nouvellement entreprise se heurte alors à l'exception de chose jugée, qui peut être soulevée comme une fin de non-recevoir.

Cette situation est comparable à celle de la clause de médiation, par laquelle une partie peut obtenir un jugement d'irrecevabilité en invoquant cette clause qui la lie à l'autre partie.

253. Cette fin de non-recevoir sert l'intérêt des parties et renforce l'efficacité de la médiation. Elle protège leurs intérêts dans la mesure où elle conforte leurs concessions réciproques, et elle renforce l'efficacité de la médiation dans la mesure où elle assure à la clause de médiation son effet processuel, c'est-à-dire l'obligation pour les parties de participer effectivement à la médiation. En effet, à quoi servirait-il de recourir à la médiation si l'accord des parties pouvait être facilement remis en cause devant un juge ou un arbitre ?

254. Par ailleurs, une partie peut se prévaloir de l'accord de médiation en l'invoquant comme défense au fond dans une instance déjà engagée.

Section II : L'effet contractuel : la force obligatoire

255. L'accord de médiation produit les effets obligatoires d'un contrat, ce qui permet aux parties d'en exiger l'exécution. Selon l'article 1134 du Code civil, « *les* *conventions légalement formées tiennent lieu de loi à ceux qui les ont faites* ».

Ainsi, l'accord de médiation s'impose aux parties comme une loi. L'Acte uniforme le précise pertinemment en ces termes : « *Si, à l'issue de la médiation, les parties concluent un accord écrit réglant leur différend, cet accord est obligatoire et les lie* »[283].

L'accord de médiation n'est cependant pas exécutoire. Il ne peut donner lieu à des mesures d'exécution forcée nécessitant la mobilisation de la contrainte publique. Cela s'explique par le fait que l'accord de médiation est un acte privé, et que le médiateur, en tant que tiers ayant aidé les parties à parvenir à une solution, ne dispose pas d'*imperium.*

L'accord de médiation ne peut donner lieu à des mesures d'exécution impliquant la force publique que lorsqu'il est homologué par le juge ou déposé au rang des minutes d'un notaire.

256. En raison de sa force obligatoire, l'accord de médiation peut être exécuté spontanément par les parties. En effet, l'objectif du processus de médiation est de rétablir la confiance entre les parties et de les amener à exécuter spontanément l'accord intervenu[284].

257. Si la force obligatoire de l'accord ne peut s'exercer et qu'il est difficile, voire impossible, d'obtenir son exécution forcée, la seule solution reste alors la résolution. En effet, l'accord de médiation étant un contrat, son inexécution peut donner lieu à une action en résolution, la précision étant faite que les juges du fond sont souverains pour apprécier la gravité des manquements susceptibles de justifier la résolution.

Si la résolution est prononcée, elle affecte tous les éléments de l'accord de médiation, qui perd alors son effet extinctif. Le litige auquel l'accord de médiation avait mis

---

283 Article 16 de l'AUM.

284 J.M. TCHAKOUA et A. FENEON, *op. cit.*, p. 358.

un terme peut alors être porté devant une juridiction compétente ou soumis à l'arbitrage, selon le cas.

258. En ce qui concerne l'exception d'inexécution, qui consiste pour une partie à ne pas exécuter ses obligations au motif que l'autre n'exécute pas les siennes, dans la transaction, elle permet de bloquer indistinctement les effets processuels et contractuels de celle-ci[285]. Ainsi, l'autorité de la chose jugée n'est pas opposable par la partie qui n'a pas exécuté ses obligations[286].

D'une certaine manière, l'inexécution libère de la transaction, à charge pour la partie qui invoque cette dernière de prouver qu'elle l'a exécutée. Pour certains auteurs, « *cette solution s'explique par le souci de déjouer les stratégies dilatoires consistant à profiter du bénéfice d'une transaction pour se soustraire de ses obligations* »[287].

---

285 S. GUINCGARD et *alii, op. cit.*, p. 1368.

286 Soc. 7 juin 1989, *Bull.* ci. V., n° 428 ; Civ. 1er , 7 nov. 1985, *Bull.* Civ. I, n° 400.

287 S. GUINCHARD et *alii, op. cit.*, p. 1368.

CHAPITRE II
L'EXECUTION FORCEE DE L'ACCORD DE MEDIATION

259. L'accord de médiation peut faire l'objet d'une exécution volontaire. Le processus contractuel est alors poursuivi jusqu'au bout de sa logique : l'accord des parties s'exprime pleinement. Toutefois, il peut arriver que des résistances apparaissent, au point que la recherche de la force exécutoire de l'accord de médiation devienne nécessaire (Section I) afin d'en assurer l'exécution matérielle (Section II).

Section I : La recherche de la force exécutoire

260. L'article 16 de l'AUM dispose expressément que l'accord issu de la médiation est susceptible d'exécution forcée. Deux modalités permettent de lui conférer la force exécutoire. Les parties peuvent soit déposer l'accord au rang des minutes d'un notaire, avec reconnaissance d'écriture et de signature (**Paragraphe 1**), soit solliciter son homologation ou son exequatur devant le juge (**Paragraphe 2**).

Paragraphe 1 : Le dépôt de l'accord de médiation au rang des minutes d'un notaire

261. Aux termes de l'article 16 alinéa 2 de l'Acte uniforme, « *A la requête conjointe des parties, l'accord de médiation peut être déposé au rang des minutes d'un notaire avec reconnaissance d'écritures et de signatures* ». Il s'agit de la première possibilité offerte aux parties pour conférer un caractère exécutoire à leur accord. Cette démarche peut être perçue comme « *une précaution inspirée de la simple crainte que l'exécution volontaire souhaitée n'ait pas lieu* »[288]. Le choix opéré par l'Acte

[288] D. COSSI SOSSA, J.M. TCHAKOUA, *op. cit.* p. 362.

uniforme se justifie aisément en raison du caractère profondément confidentiel de la médiation : cette voie permet en effet de limiter la publicité de l'accord.

Bien qu'elle n'implique pas l'intervention du système judiciaire, elle produit les mêmes effets, dans la mesure où le notaire délivre à la partie intéressée une grosse ou une copie exécutoire de l'accord, documents permettant de procéder à son exécution forcée. La démarche est conjointe et suppose la présence des parties devant le notaire, puisqu'elle implique la reconnaissance de leurs écritures et signatures. Le dépôt entraîne également des coûts, dont la charge doit être répartie conformément à l'accord des parties.

262. A défaut de recourir aux services d'un notaire, les parties peuvent solliciter l'homologation ou l'*exequatur* du juge.

Paragraphe 2 : L'homologation ou l'*exequatur* par le juge

263. L'homologation ou l'*exequatur* confère une force exécutoire à l'accord de médiation dont le contrôle de conformité est confié à une autorité qu'est le juge[289]. Nous insisterons sur la procédure d'homologation ou d'*exequatur* (A), l'instance (B) et son issue (C).

A- La procédure d'homologation ou d'*exequatur*

264. Pour obtenir l'exécution forcée d'un accord de médiation, la partie la plus diligente peut saisir le juge afin d'obtenir l'homologation ou l'*exequatur*. L'article 16 de l'Acte uniforme prévoit qu'à la requête conjointe des parties ou, à défaut, à la requête de la partie la plus diligente, l'accord de médiation peut être soumis à l'homologation ou à l'*exequatur* de la juridiction compétente. Il s'agit alors d'une procédure sur requête,

[289] G. CORNU, *Vocabulaire juridique*, *op. cit.*, p. 458.

comme c'est le cas en matière d'*exequatur* d'une sentence arbitrale.

Cependant, l'Acte uniforme ne précise pas quelle juridiction est compétente, se contentant d'utiliser l'expression «*juridiction compétente*». Ce silence se justifie, dans la mesure où il n'appartient pas à l'OHADA d'organiser l'appareil judiciaire des États membres ; il revient donc à chaque État de définir la juridiction compétente. Par analogie avec l'arbitrage, on pourra se référer soit au juge désigné dans chaque État Partie pour accorder l'exequatur, soit au juge de droit commun[290].

265. Plusieurs États parties à l'OHADA ont, à ce jour, légiféré pour désigner, au sein de leur organisation judiciaire, le juge compétent pour accorder l'*exequatur* aux sentences arbitrales. C'est le cas du Cameroun avec la Loi n° 2003/009 du 10 juillet désignant les juridictions compétentes visées à l'Acte uniforme relatif au droit de l'arbitrage et fixant leur mode de saisine[291]. Selon ce texte, la juridiction compétente pour l'*exequatur* d'une sentence arbitrale est le Président du Tribunal de première instance du lieu où l'exécution de la sentence est envisagée ou, le cas échéant, celui du domicile du défendeur. Dans l'un ou l'autre cas, le Président du Tribunal de première instance peut déléguer ses attributions à un juge membre de sa juridiction. On peut alors dire, sans risque de se tromper, que la juridiction visée dans le cadre de l'homologation ou l'*exequatur* d'un accord de médiation au Cameroun est le Président du Tribunal de première ou le magistrat qu'il délègue à cet effet et selon les règles de compétence territoriale indiquées plus haut.

---

[290] J.M. TCHAKOUA, A. FENEON, *op. cit.*, p. 360.

[291] D'autres pays africains ont fait pareil : la Côte d'Ivoire avec l'ordonnance n° 2012-158 du 9 février 2012, le Sénégal par décret n° 2016-1192 du 3 août 2016, le Togo avec la loi n° 2016-033 du 2 décembre 2016, le Burkina Faso par la loi n° 047-2017/AN du 14 novembre 2017.

266. Comme l'indique l'Acte uniforme, le juge compétent est saisi par voie de requête. Le texte ne donne pas d'amples informations sur les pièces à fournir. Mais, il est évident que, comme en matière d'arbitrage, la partie qui sollicite l'homologation ou l'*exequatur* d'un accord de médiation doit établir son existence. L'existence est établie par la production de l'original accompagnée de la convention de médiation ou des copies de ces documents réunissant les conditions de leur authenticité.

267. Comme en matière d'arbitrage, si les pièces ne sont pas rédigées dans la ou les langue(s) officielle(s) de l'Etat partie où l'homologation ou l'*exequatur* est demandé, la partie intéressée doit en produire une traduction certifiée par un traducteur inscrit sur la liste des experts établie par la juridiction compétente. Cette mesure vise à faciliter la compréhension par le juge de l'accord de médiation et des pièces produites, ce qui lui permet de se prononcer en toute connaissance de cause.

Le juge statue par voie d'Ordonnance.

B- L'instance d'homologation ou d'*exequatur*

268. Il s'agit de voir l'étendue des pouvoirs du juge et la durée de la procédure.

En ce qui concerne l'étendue des pouvoirs du juge, il s'agit d'analyser son rôle durant l'instance d'homologation ou d'exequatur. Autrement dit, quel rôle le juge joue-t-il dans une telle instance ? Cette question se pose dans la mesure où les craintes observées en matière d'arbitrage ne doivent pas se reproduire dans la médiation. En effet, dans l'arbitrage, l'instance d'exequatur s'est très souvent transformée en occasion pour le juge de contrôler très largement la régularité de la sentence.

L'Acte uniforme relatif à la médiation a pris en compte ce risque en encadrant strictement l'office du juge. Selon l'article 16 de ce texte, le juge « *ne peut modifier les termes de l'accord issu de la médiation* » et « *se borne à vérifier l'authenticité de l'accord de médiation*». Toutefois, au-delà de cette vérification, il exerce un contrôle minimal afin de s'assurer que l'accord respecte l'ordre public. L'homologation ou l'exequatur peut ainsi être refusée si l'accord de médiation est contraire à l'ordre public[292].

269. En ce qui concerne la durée de la procédure, le juge doit faire droit à la demande dans un délai maximum de quinze (15) jours ouvrables à compter du dépôt de la demande[293].

C- L'issue de la procédure

270. Il existe deux issues possibles de la procédure : l'homologation ou l'*exequatur* et le refus.

271. En ce qui concerne l'homologation, celle-ci peut être explicite ou implicite. Elle est dite explicite lorsque le juge rend une ordonnance contenant les éléments de l'accord. À défaut de décision dans le délai de quinze (15) jours prévu, l'accord de médiation bénéficie automatiquement de l'homologation ou de l'exequatur[294] ; il s'agit alors d'une homologation ou d'un exequatur implicite. Le silence du juge est ainsi interprété comme valant accord. La partie la plus diligente saisit alors le greffier en chef ou l'organe compétent, qui appose la formule exécutoire.

272. Toutefois, la partie adverse qui estime que l'accord de médiation est contraire à l'ordre public peut saisir la Cour Commune de Justice et d'Arbitrage d'un recours contre l'acte d'homologation ou d'*exequatur* automatique dans les quinze (15) jours de la notification de l'accord revêtu de la formule exécutoire. On pourrait néanmoins se demander pourquoi le législateur OHADA confère compétence à la CCJA plutôt qu'à une juridiction nationale pour connaître de l'affaire.

---

292 Article 16 de l'Acte uniforme.

293 Article 16 alinéa 4 de l'Acte uniforme.

294 Article 16 alinéa 6 de l'Acte uniforme.

Un auteur s'est interrogé sur le fait que, en confiant cette compétence à la CCJA, on ne risque pas de créer des délais, alors que la nouvelle procédure de médiation introduite par l'Acte uniforme se caractérise par sa rapidité[295]. Il nous semble que le juge national est mieux placé pour apprécier la conformité de l'acte à l'ordre public du pays d'exécution. Cependant, en attribuant cette compétence à la CCJA, le législateur OHADA manifeste clairement son souci d'harmonisation des décisions au sein de l'espace OHADA.

273. La CCJA statue dans un délai maximum de six (06) mois. Dans ce cas, les délais prévus par le Règlement de procédure de la Cour sont réduits de moitié. Le recours est suspensif de l'exécution de l'accord. En ce qui concerne la décision du juge qui accorde l'homologation ou l'*exequatur*, elle n'est susceptible d'aucun recours.

274. La décision qui refuse l'homologation ou l'*exequatur* ne peut faire l'objet que d'un pourvoi devant la CCJA, qui statue dans un délai maximum de six (06) mois. Dans ce cas, les délais prévus par le Règlement de procédure de la Cour Commune de Justice et d'Arbitrage sont réduits de moitié.

275. L'Acte uniforme précise que cette procédure ne s'applique qu'à l'accord issu d'une médiation intervenue en l'absence de procédure arbitrale en cours. En effet, lorsque l'accord de médiation intervient alors qu'une procédure arbitrale est en cours, les parties, ou la partie la plus diligente avec l'accord exprès de l'autre partie, peuvent demander au tribunal arbitral constitué de constater l'accord intervenu dans une « sentence d'accord des parties »[296]. Le tribunal arbitral statue sans débat, sauf s'il estime nécessaire d'entendre les parties. Les conditions

---

295 G. BLANC, *op. cit.*, p. 205.

296 J. M. TCHAKOUA, « Le statut de la sentence arbitrale d'accord partie : les limites d'un déguisement bien utile », *Juridis périodis* n° 51, 2002, pp. 80-88.

d'exécution d'une telle sentence d'accord des parties sont donc similaires à celles d'une sentence arbitrale.[297].

Section II : L'exécution matérielle

276. L'exécution matérielle de l'accord de médiation consiste en la réalisation des droits qu'il consacre. Il s'agit d'envisager son exécution forcée. Bien que cette hypothèse soit peu fréquente en matière de médiation, en raison du caractère amiable de cette procédure qui incite les parties à exécuter spontanément leur accord, il arrive néanmoins, dans de rares cas, que l'exécution forcée doive être engagée.

277. Aux termes de l'article 28 nouveau de l'Acte uniforme portant organisation des procédures simplifiées de recouvrement et des voies d'exécution, «*A défaut d'exécution volontaire, tout créancier peut, quelle que soit la nature de sa créance (…) contraindre son débiteur défaillant à exécuter ses obligations à son égard ou pratiquer une mesure conservatoire pour assurer la sauvegarde de ses droits*». Ainsi, muni d'un titre exécutoire constatant une créance certaine, liquide et exigible, le créancier peut en poursuivre l'exécution forcée sur les biens de son débiteur, ceux-ci constituant le gage commun de ses créanciers[298].

La question se pose de savoir si l'accord de médiation homologué ou bénéficiant de l'*exequatur* constitue un titre exécutoire. À cet égard, l'ancien article 33 de l'Acte uniforme précité dressait une liste des titres exécutoires sans mentionner les accords de médiation, bien que les institutions de médiation existaient déjà dans l'espace OHADA[299]. Le législateur a profité de la réforme de l'Acte

---

[297] *Idem.*

[298] Article 2285 du Code civil.

[299] Aux termes de cet article, constituent des titres exécutoires :

uniforme portant organisation des procédures simplifiées de recouvrement et des voies d'exécution pour mettre à jour cet article 33, intégrant désormais les accords de médiation revêtus de la formule exécutoire. L'alinéa 5 de cet article dispose ainsi que les accords de médiation revêtus de la formule exécutoire, en application de l'Acte uniforme relatif à la médiation, constituent des titres exécutoires.

278. Munie d'une grosse ou d'une copie exécutoire de l'accord de médiation délivrée par un notaire, ou de l'ordonnance du juge accordant l'homologation ou l'exequatur revêtue de la formule exécutoire, une partie peut engager toute procédure d'exécution forcée. Elle peut remettre le document à un huissier de justice pour procéder à son exécution, avec le concours de la force publique, la formule exécutoire valant réquisition directe de celle-ci. Toutefois, l'exécution peut se heurter à l'obstacle de l'immunité d'exécution lorsque l'autre partie à la convention de médiation est une personne morale de droit public[300].

279. La question de l'immunité d'exécution des personnes morales de droit public a fait l'objet de beaucoup de controverses dans l'espace OHADA. On a vu une jurisprudence balbutiante au départ, mais qui,

---

- les décisions juridictionnelles revêtues de la formule exécutoire et celles qui sont exécutoires sur minute
- les actes et décisions juridictionnelles étrangers ainsi que les sentences arbitrales déclarés exécutoires par une décision juridictionnelle, non susceptibles de recours suspensif d'exécution, de l'État dans lequel ce titre est invoqué ;
- les procès-verbaux de conciliation signés par le juge et les parties ;
- les actes notariés revêtus de la formule exécutoire ;
- les décisions auxquelles la loi nationale de chaque État partie attache les effets d'une décision judiciaire

[300] Article 29 de l'Acte uniforme portant sur les voies d'exécution.

aujourd'hui, a posé des solutions audacieuses et favorables au climat des investissements.

280. Pendant longtemps, on a observé une conception absolue de l'immunité d'exécution des personnes morales de droit public, rappelée tant par la CCJA que par les juridictions nationales. Pour le juge camerounais, « *un établissement public investi d'une mission de service public bénéficie de l'immunité d'exécution telle que prévue à l'article 30 de l'AUVE … s'agissant des biens appartenant à des personnes publiques, même exerçant une activité industrielle et commerciale, le principe de l'insaisissabilité de ces biens ne permet pas de recourir aux voies d'exécution de droit privé….* »[301]. Cette position est confortée par la CCJA. Dans l'affaire *Togo télécom*, la Haute juridiction s'est appuyée sur l'article 30 de l'AUVE pour affirmer que « *les biens des personnes morales de droit public ou des entreprises publiques, quelles qu'en soient la forme et la mission sont insaisissables* »[302]. La conception absolue de l'immunité d'exécution dans cette décision fut vivement critiquée par la doctrine[303]. Heureusement, on observe de nos jours une évolution notable en la matière dans l'espace OHADA. Cette évolution a commencé en 2018, en ce qui concerne

---

301TPI de Douala, Ordonnance du Président du 13 novembre 1998. *Affaire Société de Fourniture Industrielle c/ Office Nationale des Ports du Cameroun.*

302 CCJA, 7 juillet 2005, *affaire Aziablevi YOVO et autres c/ Société Togo Télecom.*

303ONANA ETOUNDI (F.), « L'immunité d'exécution des personnes morales de droit public et ses applications jurisprudentielles en droit OHADA », *Rev. de Droit Uniforme Africain*, n° 000, 2010, 25 ; CUPERLIER (O.), « Arbitrage OHADA et personnes publique », *in Contrats publics et arbitrage international*, Bruylant, 2011, p. 31. ; SAWADOGO (F.M.), « L'immunité d'exécution des personnes morales de droit public dans l'espace OHADA », *Rev. cam. arb.*, Numéro spécial (2), p. 144 et s. ; KENFACK DOUAJNI (G.), « Analyse comparée du droit de l'arbitrage OHADA et du droit international », *JADA*, 2O11, p. 61.

les sociétés d'économie mixte[304]. La CCJA a rendu le 26 avril 2018 un arrêt en matière d'immunité d'exécution dans lequel il est précisé que « *L'article 30 de l'Acte uniforme pose en son alinéa 1er le principe général de l'immunité d'exécution des personnes morales de droit public et en atténue les conséquences à l'alinéa 2, à travers le procédé de la compensation des dettes qui s'applique aux personnes morales de droit public et aux entreprises publiques ; qu'en l'espèce, il est établi que le débiteur poursuivi est une société anonyme dont le capital est détenu à parts égales par des personnes privées et par l'Etat du Congo ; qu'une telle société étant d'économie mixte (…) demeure une entité de droit privé soumise comme tel soumise aux voies d'exécution sur ses propres biens* »[305].

Cette solution est de plus en plus suivie par la CCJA qui, dans un arrêt rendu en 2021[306], a indiqué que l'immunité d'exécution ne profite pas aux sociétés d'État constituées sous une forme d'entreprise de droit privé et exploitées sous la forme de personnes morales de droit privé, au sens de l'Acte uniforme portant droit des sociétés commerciales et du groupement d'intérêt économique. Cette évolution est favorable au développement des affaires dans l'espace OHADA et propice au déploiement de la médiation.

281. Avec la réforme de l'AUVE, le régime de l'immunité d'exécution a été rénové. L'article30 (1) donne les précisions sur les bénéficiaires de l'immunité d'exécution[307] et la possibilité à ces entités de renoncer

---

304 Sur la question, lire Gh. DJEUDJO TANKEU, « l'exécution forcée à l'égard des entreprises publiques », *Rev. ERSUMA*, 2022-1/ N° 16, p. 89 et s.

305 CCJA, 3ème Ch., n° 103/2018, 26-4 : X c/ La société des grands Hôtels du Congo et 10 autres.

306 CCJA Arrêt n° 204/076/2021 du 29 avril 2021, Les membres du collectif ex personnel de la société ENERCA c/ ENERCA SA.

307 Au plan interne, il s'agit de l'Etat, des collectivités territoriales, des établissements publics notamment et au plan international, des personnes morales de droit public étrangères et les organisations internationales qui bénéficient de l'immunité d'exécution en vertu de

expressément à cette immunité. Le nouvel article 30-1 prévoit que les créances constatées par un titre exécutoire ou résultant d'une reconnaissance de dette par une personne morale de droit public peuvent faire l'objet d'une inscription d'office dans les comptes de l'exercice et dans le budget de ladite personne morale, au titre des dépenses obligatoires. Ladite inscription doit être précédée d'une mise en demeure adressée à l'organe dirigeant ou à l'autorité compétente dans chaque État partie et restée infructueuse pendant un délai de trois mois à compter de la notification d'une reconnaissance de dette par une personne morale de droit public, notamment l'État, une collectivité territoriale ou un établissement public.

282. Cette demande d'inscription est adressée au Ministre chargé des Finances et doit être accompagnée des pièces justificatives de la créance et de la mise en demeure. Les créances ainsi inscrites à la suite d'une demande d'inscription d'office portent de plein droit intérêt au taux légal en vigueur à compter de la mise en demeure.

283. Pour faciliter l'exécution, l'article 30 (2) nouveau prévoit que si l'exécution forcée ou les mesures conservatoires sont de nature à porter gravement à la continuité du service public, le juge peut, à la demande de la personne morale intéressée ou du ministère public, prendre toutes mesures urgentes appropriées, en subordonnant de telles mesures à l'accomplissement, par le débiteur, d'actes propres à faciliter ou à garantir le paiement de la dette.

La médiation OHADA profitera certainement de ce nouveau régime de l'exécution des décisions concernant l'Etat et les personnes morales de droit public.

---

conventions sur les relations diplomatiques ou consulaires ou d'accords d'établissement ou de siège.

POSTFACE

Par cette étude remarquable, le Professeur TAMKAM SILTATCHOM Guy Armel offre une contribution majeure au développement de la médiation dans l'espace OHADA. L'ouvrage se distingue par la profondeur de sa réflexion et la pertinence des analyses qu'il propose, ouvrant de nouvelles perspectives tant pour les universitaires que pour les praticiens.

En clarifiant les règles et principes de la médiation OHADA, l'auteur éclaire le sens et la portée des textes, tout en anticipant les défis de leur application. Ses analyses, appuyées sur une lecture rigoureuse des dix-sept articles de l'Acte uniforme relatif à la médiation, constituent une ressource précieuse pour tous ceux qui œuvrent à la consolidation de l'État de droit économique en Afrique.

Cet ouvrage vient ainsi enrichir la doctrine et soutenir les efforts des concepteurs de l'espace OHADA dans leur volonté de faire de la médiation un instrument efficace de règlement des différends et un levier d'attractivité des investissements. Il appartient désormais aux juges, aux médiateurs et aux avocats d'en mettre les enseignements en pratique, et aux chercheurs d'en prolonger la dynamique réflexive.

Jean GATSI
Agrégé des Facultés de Droit,
Professeur Titulaire des Universités
Doyen Honoraire

BIBLIOGRAPHIE

1. OUVRAGES

AKA (N.), FENEON (A.) et TCHAKOUA (J-M), *Le nouveau droit de l'arbitrage et de la médiation en Afrique (OHADA)*, LGDJ, 2018.

BLERY (C.), L'efficacité substantielle des jugements civils, thèse, LGDJ, 2000.

BLOHORN-BRENEUR (B.), *La médiation pour tous dans l'espace OHADA et en Afrique de l'Ouest. Théorie, pratique et cadre juridique de la médiation*, Harmattan, Paris, 2018.

CADIET (L.) et JEULAND (E.), *Droit judiciaire privé*, LexisNexis, 12e éd., 2023.

CADIET (L.) et *alii*, *Théorie générale du procès*, P.U.F, 3me éd., 2020.

CHOLLET (D.), *La célérité de la procédure en droit processuel*, LGDJ, 2006.

CLAY (Th.), *L'arbitre*, Dalloz, 2001.

CORNU (G.) et FOYER (J.), *Procédure civile*, Paris, P.U.F, 1998.

CECILE (A.) et BOUTIER (J.P.), *La médiation*, L'ABC de la VAE. ERES, 2009.

DEUMIER (D.), *Introduction générale au droit*, L.D.G.J, 2011.

DIALLO (O.), *Le consentement des parties à l'arbitrage international*, Graduate Institute Publications, 2010, p. 67.

FENEON (A), *Droit des sociétés en Afrique (OHADA)*, LGDJ, 2015.

FOUCHARD (Ph) , GAILLARD (E.) et GOLDMAN (B.), *Traité de l'arbitrage commercial international*, Litec, 1996.

GUILLAUME-HOFNUNG (M.), *La médiation*, PUF, 6è éd., 2012.

GUINCHARD (S.) et *alii*, *Droit processuel. Droits fondamentaux du procès*, Paris, Dalloz, 8ème éd., 2015.

JARROSSON (Ch.), *La notion d'arbitrage*, thèse L.G.D.J. 1987.

ISSA SAYEGH (J.) et LOHOUES-OBLE (J.), *OHADA, Harmonisation du droit des affaires*, Bruylant, 2002.

KENFACK DOUAJNI (G.), *Le nouveau droit de l'arbitrage et la médiation OHADA*, Pedone, 2021.

KINE CAMARA (F.), *Pouvoir et justice dans la tradition des peuples noirs, philosophie et pratique*, l'Harmattan, Paris, 200.
LANGE (J-M), *Une introduction à la médiation*, Liège, Éd. du CEFAL, 2003.
MALINVAUD (Ph.), FENOUILLET (D.) et MEKKI (M.), *Droit des obligations*, Lexis Nexis, 16ème éd., 2021.
MAWUNYON AGBENETO (K.), COSSI SOSSA (D.) et TCHAKOUA (J-M), *Droit de la médiation*, Juriscope, 2023.
MEYER (P.), *OHADA, Droit de l'arbitrage*, Bruylant Bruxelles, 2002.
POUGOUE (P.G.), TCHAKOUA (J-M) et FENEON (A.), *Droit de l'arbitrage dans l'espace OHADA*, P.U.A, Yaoundé, 2000.
SIX (J-F), et V. MUSSAUD (V.), *Médiation*, Seuil, 2002.
TERRE (Fr.), IMLER (Ph.) et LEQUETTE (Y.), *Droit civil, Les obligations*, Dalloz, 13ème éd., 2022.
TOUZARSD (M.), *La médiation et la résolution des conflits*, PUF, 1997.
VIDAL (D.), *Droit français de l'arbitrage interne et international*, Lextenso, 2012.

2. ARTICLES

AHMED EL-KOSHERI (S.) et KARIM YOUSSEF (Y.), « L'indépendance des arbitres internationaux : le point de vue d'un arbitre », *in L'indépendance de l'arbitre, Bull. CCI*, supplément spécial 2007.
ANIS BETTAIEB (M.), « L'indépendance de l'arbitre », *in CIRDI 45 ans après, bilan d'un système, HORCHANI (F.) (S/dir.), Actes du colloque de Tunis*, Pedone, Paris, 2011.
AQUERUBURU (C.A.), « L'Etat, justiciable de droit commun dans le Traité OHADA », *Penant,* n° 865.
BEAUJOUR (J-C), « La médiation : un outil efficace et peu coûteux pour mieux gérer les litiges commerciaux », 3 avr. 2015, http://www.medef-id f.fr/la-mediation-un-outil-efficace-et-peu-couteux-pour-mieux-gerer-les-litiges-commerciaux/.
BLANC (G.), « Les suites de l'accord amiable en Afrique », *in L'accord amiable et après*, PUAM, 2020.
BLERY (C.), « Qu'est-ce que l'autorité de la chose jugée ? Une question d'école ? », *Procédures 2007*. Étude 11, spéc. n° 1.

BREDIN (J.D.), « La révélation. Remarques sur l'indépendance de l'arbitre en droit interne français », *in Etudes de procédure et d'arbitrage en l'honneur de Jean François POUDRET*, Lausanne, Staempfli, 1999.

BOUCOBZA (X.), « La prise en compte des intérêts de l'Etat dans le commerce international », *Rev. arb.*, n°2, 2005.

BOUTHINON-DUMAS (H.), « Les contrats relationnels et la théorie de *l'imprévision* », *RIDE*, n° 3, 2001.

CISSE (A.), « L'harmonisation du droit des affaires en Afrique : l'expérience de l'OHADA à l'épreuve de sa première décennie », *Rev. int. Dr. Eco.*, 2, 2004.

CLAUDIO (A.), « La maîtrise du temps en droit processuel », *Jurisdoctoria* n° 3, 2009.

CLAY (Th.),

« De la responsabilité de l'arbitre », *in El contraro de Arbitraje*, E. SILVA DE ROMERO (S/dir.), Bogota, éd. Legis, 2005.

« L'arbitre est-il un être normal ? », *Mélanges R. Badinter*, Dalloz, 2016.

COHEN-JONATHAN (G.), « Le droit au juge », *Mélanges Jean Waline*, Dalloz, 2002.

COSSI SOSSA (D.),

« L'extension de l'arbitrabilité objective aux accords de développement économique dans l'espace OHADA », », *RBSJA*, n° 22, 2009.

« L'aptitude des personnes morales de droit public à compromettre dans l'arbitrage OHADA : les mobiles d'une telle option », *Rev. cam. arb.*, numéro spécial 2, Actes du Colloque APAA , Yaoundé, 2009.

CUPERLIER (O.), « Arbitrage OHADA et personnes publique », *in Contrats publics et arbitrage international*, Bruylant, 2011.

DE LAFOND (G.), « Le traité relatif à l'harmonisation du droit des affaires en Afrique », *Gazette du palais*, 1995.

DEMBA SY, « La condition du juge en Afrique : l'exemple du Sénégal », 2003, www.afrilex.u-bordeau4.fr.

DJAOWE (J.), « Investissements Directs Etrangers (IDE) et gouvernance : les pays de la CEMAC sont-ils attractifs ? », *Rev. africaine de l'intégration*, vol. 3, n° 1, 2009.

DJEUDJO TANKEU (Gh.), « l'exécution forcée à l'égard des entreprises publiques », *Rev. ERSUMA*, 1/n°16 2022.
DION (N.),
« L'esprit de la médiation », *Gazette du palais*, 2013.
« L'aventure de la médiation », *Petites affiches*, n° 50, 29/07/2003.
DIENG (A.), « Approche culturelle des ADR en OHADA », *Journal africain du droit des affaires*, n°1, 2011.
DEHARO (G.), « L'autorité de la chose transigée en matière civile », *Gazette du palais*, déc. 2005.
EISEN (M-A), « La durée des procédures civiles et pénales dans la jurisprudence de la CEDH », *Bull. info*, Cour cass. 1er oct. 1995.
FERNANDEZ ROZAS (J.C.), « Le rôle des juridictions étatiques devant l'arbitrage commercial international », disponible sur le site www.eprints.ucm.es/6963/1
FERRAND (Fr.), « La médiation civile en droit comparé : les exemples allemand et autrichien », *RIDC*, Vol. 61 N°2(1), 2009.
FILIGA SAWADOGO (M.), « L'accès à la justice en Afrique francophone. Problèmes et perspectives : le cas du Burkina Faso », in L'effectivité des droits fondamentaux dans les pays de la communauté francophone, *Actes du Colloque sur « l'effectivité des droits fondamentaux dans les pays de la communauté francophone »*, Port-Louis, 29-30 septembre, 1er octobre 1993, Montréal, AUF, Collection série francophone, 1994.
FRICERO (N.), « Médiation et contrat », *AJ contrat* 2017,
GAILLARD (E.), « Les manœuvres dilatoires des parties et des arbitres dans l'arbitrage commercial international », *Rev. arb.*, 1990.
GALVADA-MOULETAT (C.), « La violence économique et le droit de la consommation. L'abus de faiblesse », *in Y. PICOD et D. MAZEAUD (dir.), La violence économique A l'aune du nouveau droit des contrats et du droit économique,* Thèmes et commentaires, Paris Dalloz, 2017.
GATSI (E.A.), « L'ordre public en droit public français et camerounais : regards croisés sur un labyrinthe juridique », *RIDC*, n°4, 2017.
GOUIFFES (L.), « L'arbitrage international propose-t-il un modèle original de justice ? », *in Recherche sur l'arbitrage international et comparé,* LGDJ, Paris, 1997.

GORCHS (B.), « La médiation dans le procès civil : sens et contre sens. Essai de mise en perspective du conflit et du litige », *RTD Civ.*, 2003.
HENRY (M.), « Éthique et arbitrage ou la solitude du coureur de fond », *Rev. arb.* 2016.
ISSA SAYEGH (J.), « L'OHADA, instrument d'intégration juridique des pays africains de la zone franc », *RJ com.*, 1999.
HOFNUNG (M-G.), « Le rôle de la volonté dans la médiation, le rôle de la volonté dans les actes juridiques », *Études à la mémoire du Professeur Alfred Rieg*, Éd. Bruylant, 2000.
JAHIER (S.), « Les Cahiers Portalis », n° 6, Décembre 2018.
JEAMMAUD (A.), « Conflit/Litige », *in D. ALLAND et S. RIALS, Dictionnaire de la culture juridique*, P.U.F, 2003.
JACQUET (J.M.), « L'Etat, opérateur du commerce international », *JDI*, 1989.
JARROSSON (Ch.),
« Les frontières de l'arbitrage », *Rev. arb.* n° 1, 2001.
« Les concessions réciproques dans la transaction », D. 1997, Chr. 267.
KINE CAMARA (F.) et CISSE (A.), « Arbitrage et médiation dans les cultures juridiques négro-africaines : entre la prédisposition à dénouer et la mission de trancher », *Rev. arb.* n° 2, 2009.
KENFACK DOUAJNI (G.), « Analyse comparée du droit de l'arbitrage OHADA et du droit international », *JADA*, 2011.
KIRSH (M.), « Historique de l'Organisation pour l'Harmonisation du droit des Affaires en Afrique (OHADA) », *Penant* n° 827 spécial OHADA, 1998.
KLEIMAN (E.), et SALEH (S.), « Célérité et loyauté en droit français de l'arbitrage international : quels pouvoirs et quelles responsabilités pour les arbitres et les parties », *Cahiers de l'arbitrage*, n°1, 2012.
LONCLE (J.M.) et MOREL (J.B.), « Les émanations des Etats et l'arbitrage CIRDI », *R.D.A.I.*, 2008, p. 51
LOQUIN (E.), « La dualité des fonctions de l'obligation de révélation », *in Mélanges en l'honneur de Philippe Merle*, 2013, Dalloz, pp. 487- 499.

MAYAUX (L.), « les relations entre médiation et arbitrage en matière d'assurance », RGDA, n° 1, 2012.
MAYER (P.),
« La neutralisation du pouvoir normatif de l'Etat en matière de contrats d'Etat », *Un siècle d'étude du droit international,* Paris, Litec, Collection traité, 2006.
« L'autonomie de l'arbitre international dans l'appréciation de sa propre compétence », *R.C.A.D.I.,* t. 217, 1989.
« Les clauses de stabilisation dans les contrats d'investissement : une entrave au pouvoir normatif de l'Etat d'accueil », *JDI*, n° 2, 2014.
MEYER (P.), « La sécurité juridique et judiciaire dans l'espace OHADA », *Penant,* 2006.
MIRIMANOF (J.A.), « Quels rôles pour l'avocat en médiation commerciale », *Cahier de l'arbitrage* n° 3, 2018.
NDAM (I), « La protection du droit à un procès dans un délai raisonnable dans l'espace OHADA », *Rev. ERSUMA*, n° 2, mars 2013.
NEGRE (C.), « L'insécurité judiciaire : un obstacle à l'efficacité du droit OHADA », *RDAI*, 2008.
NEMEDEU (R.), « La recherche du critère d'arbitrabilité des litiges concernant les personnes morales de droit public en droit OHADA », *in Recueil d'études sur l'OHADA et l'UEMOA*, PUAM, 2010.
NKOU MVONDO (Pr.),
« La crise de la justice de l'Etat en Afrique noire francophone. Etude des causes du divorce entre la justice et les justiciables », *Penant*, n° 824, 1997.
« La justice parallèle au Cameroun : la réponse des populations camerounaises à la crise de la justice de l'Etat », *Rev. Droit et société*, 2002.
ONANA ETOUNDI (F.),
« La sécurisation judiciaire de l'investissement en Afrique : à propos du rôle joué par la Cour Commune de Justice et d'Arbitrage de l'OHADA », *Actualités juridiques* n°53, 2000.
« L'immunité d'exécution des personnes morales de droit public et ses applications jurisprudentielles en droit OHADA », *Rev. de Droit Uniforme Africain*, n° 000, 2010.

OPPETIT (Br.), « Arbitrage, médiation, conciliation », *Rev. arb.* n°1, 1984.
SAWADOGO (F.M.), « L'immunité d'exécution des personnes morales de droit public dans l'espace OHADA », Rev. cam. arb., Numéro spécial (2), Fév. 2010.
SERVAN-SCHREIBER (P.), « Méditation sur la médiation », Gazette du palais, n° 16, 23 avril 2019.
SOCKENG (R.), « Les effets de la convention d'arbitrage en droit camerounais », *Rev. cam. arb.* n°4, 1999.
TAMKAM SILATCHOM (G.A.), « La loyauté en matière de justice arbitrale : un principe directeur autonome ? », *Annales africaine*, n° 2, vol. 1, Avril 2017.
TCHAKOUA (J-M),
« Le statut de la sentence arbitrale d'accord partie : les limites d'un déguisement bien utile », *Juridis périodis* n° 51, 2002,
« L'espace dans le système d'arbitrage de la Cours commune de justice et d'arbitrage », *in Recueil d'études sur l'OHADA et l'UEMOA*, PUAM, 2010.
_« L'arbitrabilité des différends dans l'espace OHADA », *Penant*, 2000.
THORSTEN VOGL, « La lutte contre la corruption : condition essentielle pour la réussite de l'OHADA », *Penant* 2009, n° 867.
TRICOT (J. Ph.), « Chronique de droit des modes amiables de règlement des conflits », *Rev. arb.* 2011.
VERT (F.), « La confusion terminologique entre médiation et conciliation : un frein à leur développement », *Gazette du Palais* », n° 03, 31 janvier 2015.
VIAUT (L.), « De l'intérêt de la médiation en droit administratif », *Petites Affiches*, n° 212, 22 octobre 2020.
VIDAL (D.), « Droit français de l'arbitrage interne et international », *Lextenso*, 2012, p. 15.
WEIL (Pr.), « Les clauses de stabilisation ou d'intangibilité insérées dans les accords de développement économique », Mélanges Rousseau, 1974.
YACOUBA-SYLLA KOITA, « La violence économique dans l'espace OHADA », *RIDE*, 2020/3.

3. THESES ET MEMOIRES

a. THESES

-AREOU (G.), La concurrence des procédures de règlement des différends relatifs aux investissements, Thèse de Doctorat, Université de Nice Sophia-Antipolis, 2009.

BOURSIER (E.), *Le principe de loyauté en droit processuel*, Thèse, Dalloz, 2003.

FRISON-ROCHE (M-A), Généralité sur le principe du contradictoire, Thèse, Paris 2, 1988

MOREAU-CUCCHI (M.), La responsabilité civile de l'arbitre, Thèse, 2021.

PINGEL (I.), Les immunités des Etats en droit international, Thèse Paris I, 1993.

TAMKAM SILATCHOM (G.A.), La contribution de l'arbitrage à la promotion des investissements : étude comparée des systèmes d'arbitrage de la CCJA et du CIRDI, Thèse, Université de Yaoundé 2, 2015.

VARNEK (A.), Le juge des requêtes, juge du provisoire, Thèse de Doctorat, Strasbourg, 2013.

YEPNDO (D.R.), La personne publique dans le commerce international, Thèse, Université de Yaoundé II, 2016.

b. MÉMOIRE

A.OGOUBI AKILOTAN, L'introduction de la médiation conventionnelle dans l'espace OHADA, Mémoire master II, Paris 1, p. 71

4. DICTIONNAIRES

ALLAND (D.) et RIALS (St.) (dir.), *Dictionnaire de la culture juridique*, Paris, PUF, 2003.

CORNU (G.), *Vocabulaire juridique*, 14è éd. PUF, 2022.

5. JURISPRUDENCE

Civ. 1er, 17 mars 1998, *Bull. civ.*, I, n° 120, *JCP* 1998, II, 10148, note S.PIEDELIEVRE.

Cass. Civ. 1ère, 2 mai 1966, D. 1966, 575, note J. Robert.

L.E.S.I. S.p.A. et ASTALDI S.p.A. c/ République algérienne démocratique et populaire (Affaire n° ARB/05/3), Sentence arbitrale du 12 novembre 2008, disponible sur le site : http://icsid.Worldbank.org/ICSID/FrontServlet (site consulté le 19 juillet 2013).

CA Paris, 17 janv. 2002 : *Rev. arb.* 2002, 391, note J.-B. Racine ; *RTD com.* 2003, 63.

C.A Paris, 1er juill. 1997 : *Rev. arb.* 1998, 131, note D. HASCHER ;

C.A Paris, 10 mai 2007 : *Rev. arb.* 2007, 821, note V. CHANTEBOUT. Civ. 1er, 18 février 2015, n° 13-28. 278, D. 2015, p. 432 ; *D.* 2016, p. 566, obs. M. MEKKI ; *ACJA* 2015, p. 221, obs. L. PEDRIX ; *RTD Civ.* 2015, p. 371, obs. H. BARBIER

Paris 7 déc. 1994, Jaguar, *RTD Com.* 1995, 401.

Sentence CCI, n° 4131 (1982), *J.D.I.*, 1983, p. 899, obs. Y. DERRAINS, *rev. arb.* 1984, p. 115. Affaire Société française ST Gaubain C/ Dox Chemichal Group.

Paris, 28 fév. 1992, *Rev. arb.*, 1992.649, Obs. D. Cohen, p. 50.

Cass. Ch. mixte 14 fév. 2003, n° 00-19423.

Cass., 7 mai 1963, GOSSET, *J.C.P.*, 1963, II, 13405, note Goldman ; *Rev. arb.*, 1963, p. 60. *D.* 1963, p. 545, note J. Robert.

- Cass. 2e civ., 6 juill. 2000, n° 98-17827, *Rev. arb.* 2000, p. 749, note Ch. JAROSSON
- C.A. de Reims, arrêt n° 4, 2 novembre 201.
- C.A Paris, 31 mars 2015, Banque Delubac c/ X, n°14-05436, RTD Com., 2016, p.76, note E. LOQUIN ; D., 2015, p.2588, obs. T. CLAY ; RTD Civ., 2015, p.612 obs. H. BARBIER ; Les cahiers de l'arbitrage, 2015, p.313, obs. M. HENRY.
- Civ., 1er 6 décembre 2005, n° 03-13-116, JCP G. 2006, I, 148, n° 2, obs. C. SERAGLENI ; *rev. arb.*, 2006, p. 126, note C. JARROSSON.
- JCP G, 2006, II, 10666, note T. CLAY ; *D.*, 2006, jurisp. 274, note P.-Y. GAUTIER ; RTD Com., 2006, p.299, note E. LOQUIN ; RTD Civ., 2006, p.144, obs. P. THERY ; RLDC, 2006, p. 14, obs. F.-X. TRAIN ; *JCP* E, 2006, p.1284, note G. CHABOT ; *JCP* E, 2006, p.1395, obs. J. PAILLUSSEAU.
- Aff. Ruiz Mateos c/ Espagne, Arrêt du 23 juin 1993, Série A, n° 262.

- TPI de Douala, Ordonnance du Président du 13 novembre 1998. *Affaire Société de Fourniture Industrielle c/ Office Nationale des Ports du Cameroun.*

- CCJA, 7 juillet 2005, *affaire Aziablevi YOVO et autres c/ Société Togo Télecom.*

- CCJA, 3ème Ch., n° 103/2018, 26-4 : X c/ La société des grands Hôtels du Congo et 10 autres.

CCJA Arrêt n° 204/076/2021 du 29 avril 2021, Les membres du collectif ex personnel de la société ENERCA c/ ENERCA SA.

INDEX ALPHABETIQUE

(*Les numéros renvoient aux paragraphes*)

ANNEXE

OHADA
Acte uniforme relatif à la médiation
Acte fait à Conakry le 23 novembre 2017

Chapitre 1 - Définitions et champ d'application

Art.1.- Définitions

Au sens du présent Acte uniforme :

a) le terme « médiation » désigne tout processus, quelle que soit son appellation, dans lequel les parties demandent à un tiers de les aider à parvenir à un règlement amiable d'un litige, d'un rapport conflictuel ou d'un désaccord (ci-après le « différend ») découlant d'un rapport juridique, contractuel ou autre ou lié à un tel rapport, impliquant des personnes physiques ou morales, y compris des entités publiques ou des Etats ;

b) le terme « médiateur » désigne tout tiers sollicité pour mener une médiation quelle que soit l'appellation ou la profession de ce tiers dans l'État Partie concerné.

La médiation peut être mise en œuvre par les parties (médiation conventionnelle), sur demande ou invitation d'une juridiction étatique (médiation judiciaire), d'un tribunal arbitral ou d'une entité publique compétente.

La médiation peut être ad hoc ou institutionnelle.

Art.2.- Champ d'application

Le présent Acte uniforme s'applique à la médiation. Toutefois, il ne s'applique pas aux cas dans lesquels un juge ou un arbitre, pendant une instance judiciaire ou arbitrale, tente de faciliter un règlement amiable directement avec les parties.

Chapitre 2 - Procédure de médiation

Art.3.-Médiation institutionnelle

Le fait de recourir à une institution de médiation emporte adhésion des parties au Règlement de médiation de ladite institution.

Art.4.- Début de la procédure de médiation

La procédure de médiation débute le jour où la partie la plus diligente met en œuvre toute convention de médiation écrite ou non.

Si, en l'absence de convention, la partie qui a invité une autre partie à la médiation n'a pas reçu d'acceptation de son invitation écrite dans les quinze jours de la date de réception de l'invitation ou à l'expiration de tout autre délai qui y est spécifié, elle peut considérer l'absence de réponse comme un rejet de l'invitation à la médiation.

Une juridiction étatique ou arbitrale peut, en accord avec les parties, suspendre la procédure et les renvoyer à la médiation. Dans les deux cas, la juridiction étatique ou arbitrale fixe le délai de suspension de la procédure.

Sauf convention contraire des parties, le début de la procédure de médiation suspend le délai de prescription de l'action. Lorsque la procédure de médiation a pris fin sans qu'un accord issu de la médiation soit intervenu, le délai de prescription recommence à courir, pour une durée qui ne peut être inférieure à six mois, à compter du jour où la médiation s'est achevée sans accord.

Art.5.- Nombre et désignation des médiateurs

Les parties choisissent le ou les médiateurs d'un commun accord.

Pour la désignation des médiateurs, les parties peuvent demander l'assistance de toute personne physique ou morale, notamment un centre ou une institution offrant des services de médiation, appelée « autorité de désignation ».

A cet effet, une partie peut demander à l'autorité de désignation de recommander des personnes ayant les qualités et compétences requises pour servir de médiateur. Les parties peuvent également convenir que l'autorité de désignation nomme directement le ou les médiateurs.
Lorsqu'elle recommande ou nomme des médiateurs, l'autorité de désignation tient compte des considérations propres à garantir la désignation d'une personne indépendante, impartiale et disponible. Elle prend en compte, le cas échéant, le fait qu'il peut être souhaitable de nommer une personne de nationalité différente de celle des parties, notamment lorsque les parties sont de nationalité différente.
Lorsqu'une personne est sollicitée en vue de sa désignation en qualité de médiateur, elle signale toutes circonstances de nature à soulever des doutes légitimes sur son impartialité ou son indépendance. À compter de la date de sa nomination et durant toute la procédure de médiation, le médiateur révèle aux parties, sans tarder, toutes circonstances nouvelles susceptibles de soulever des doutes légitimes sur son impartialité ou son indépendance.

Art.6.- Statut du médiateur

Au moment de sa désignation, le médiateur confirme, dans une déclaration écrite, son indépendance et son impartialité ainsi que sa disponibilité pour assurer la procédure de médiation.
Lorsque le médiateur révèle aux parties après sa nomination la survenance de circonstances nouvelles susceptibles de soulever des doutes légitimes sur son impartialité ou son indépendance, il les informe de leur droit de s'opposer à la poursuite de sa mission. Si l'une des parties refuse en conséquence de poursuivre la médiation, il est mis fin à la mission du médiateur.

Art.7.- Conduite de la médiation

Les parties sont libres de convenir, y compris par référence à un règlement de médiation, de la manière dont la médiation doit être conduite.

A défaut, le médiateur mène la médiation comme il l'estime approprié, compte tenu des circonstances de l'affaire, des souhaits exprimés par les parties et de la nécessité de parvenir rapidement à un règlement du différend.

Dans tous les cas, le médiateur accomplit sa mission avec diligence et accorde, dans la conduite de la médiation, un traitement équitable aux parties et, ce faisant, prend en compte les circonstances de l'affaire.

Le médiateur n'impose pas aux parties une solution au différend. Toutefois, il peut, à tout stade de la médiation, en fonction des demandes des parties et des techniques qu'il estime les plus appropriées au vu des circonstances du différend, faire des propositions en vue du règlement du différend.

Après consultation des parties, le médiateur peut inviter celles-ci à désigner un expert en vue de recueillir un avis technique.

Art.8.- Principes directeurs de la médiation

Le médiateur et toute institution établie dans l'un des Etats Parties offrant des services de médiation adhèrent aux principes garantissant le respect de la volonté des parties, l'intégrité morale, l'indépendance et l'impartialité du médiateur, la confidentialité et l'efficacité du processus de médiation. Le médiateur s'assure que la solution envisagée reflète réellement la volonté des parties dans le respect des règles d'ordre public.

Art.9.- Echanges entre le médiateur et les parties

Le médiateur peut rencontrer les parties ou communiquer avec elles, ensemble ou séparément. Lorsque le médiateur souhaite rencontrer ou s'entretenir avec l'une des parties et/ou son conseil séparément, il en informe l'autre partie et/ou son conseil au préalable ou dès que possible après sa rencontre ou communication unilatérale avec l'une des parties.

Lorsque le médiateur reçoit d'une partie des informations concernant le différend, il peut en révéler la teneur à toute autre partie à la médiation. Toutefois, lorsqu'une partie donne au médiateur une information sous la condition expresse qu'elle demeure confidentielle, celle-ci ne doit être révélée à aucune autre partie à la médiation.

Art.10.- Confidentialité

Toutes les informations relatives à la procédure de médiation doivent demeurer confidentielles, sauf convention contraire des parties, à moins que leur divulgation soit exigée par la loi ou rendue nécessaire pour la mise en œuvre ou l'exécution de l'accord issu de la médiation.

Art.11.- Recevabilité des éléments de preuve dans une autre procédure

Une partie à la procédure de médiation, le médiateur et toute tierce personne, y compris celles qui ont été associées à l'administration de la procédure de médiation, ne peuvent, dans une procédure arbitrale ou judiciaire ou dans une procédure analogue ni invoquer ni présenter l'un ou l'autre des éléments de preuve ci-après ni témoigner à leur sujet :

a) une invitation à la médiation adressée par une partie ou le fait qu'une partie était disposée à participer à une procédure de médiation, sauf lorsqu'une partie doit prouver l'existence d'un accord ou de l'envoi d'une invitation pour engager le processus de médiation en relation avec l'article 4 du présent Acte uniforme ;

b) les vues exprimées ou les suggestions faites par une partie au cours de la médiation concernant une solution éventuelle de règlement du différend ;

c) les déclarations faites ou les faits admis par une partie au cours de la procédure de médiation ;

d) les propositions faites par le médiateur ou par l'une des parties ;

e) le fait qu'une partie a indiqué être disposée à accepter une proposition de règlement présentée par le médiateur ou par l'autre partie ;

f) un document établi aux seules fins de la procédure de médiation.

L'alinéa 1 du présent article s'applique quel que soit le support ou la forme des informations ou des éléments de preuve qui s'y trouvent visés.

La divulgation des informations visées à l'alinéa 1 du présent article ne peut être ordonnée par un tribunal arbitral, une juridiction étatique ou une autre autorité publique compétente. Si de telles informations sont présentées comme éléments de preuve en violation des dispositions de l'alinéa 1 du présent article, ceux-ci sont irrecevables. Néanmoins, ces informations peuvent être divulguées ou reçues comme éléments de preuve dans la mesure exigée par la loi ou nécessaire à la mise en œuvre ou à l'exécution de l'accord issu de la médiation.

Les dispositions des alinéas 1, 2 et 3 du présent article s'appliquent, que la procédure arbitrale ou judiciaire ou toute procédure analogue se rapporte ou non au différend qui fait ou a fait l'objet de la procédure de médiation.

L'obligation de confidentialité ne s'étend pas aux éléments de preuve préexistants à la procédure de médiation ou constitués en dehors de toute relation avec celle-ci.

Art.12.- Fin de la procédure de médiation

La procédure de médiation prend fin par :

a) la conclusion d'un accord écrit issu de la médiation signée par les parties et, si celles-ci en font la demande, par le médiateur ;

b) la déclaration écrite du médiateur indiquant, après consultation des parties, que de nouveaux efforts de médiation ne se justifient plus, à la date de la déclaration, ou lorsqu'une des parties ne participe plus aux réunions de médiation malgré des relances du médiateur ;

c) la déclaration écrite des parties adressée au médiateur indiquant qu'elles mettent fin à la procédure de médiation, à la date de la déclaration ;

d) la déclaration écrite d'une partie adressée à l'autre partie ou aux autres parties et, si un médiateur a été nommé, au médiateur, indiquant qu'il est mis fin à la procédure de médiation, à la date de la déclaration ; ou

e) l'expiration du délai de médiation sauf si les parties décident conjointement de prolonger ce délai en accord avec le médiateur.

La partie qui entend se prévaloir de la fin de la médiation est tenue d'en apporter la preuve ; elle peut le faire par tout moyen.

Lorsque la médiation ordonnée par le juge ou par l'arbitre prend fin sans que les parties ne parviennent à un accord, la procédure judiciaire ou arbitrale reprend son cours normal.

Lorsqu'une telle procédure de médiation prend fin par accord amiable des parties, le juge ou l'arbitre constate cet accord, qui peut faire l'objet d'exécution conformément à l'article 16 du présent Acte uniforme.

Art.13.- Frais de la médiation

Les parties déterminent, soit directement, soit par référence à un règlement de médiation, les frais de la médiation, y compris les honoraires du médiateur.

En cas de médiation judiciaire, la juridiction étatique saisie, qui désigne un médiateur, fixe les frais en accord avec les parties et ordonne la consignation des provisions entre les mains du greffier en chef de la juridiction ou de l'organe compétent de l'Etat Partie. Si une partie ne verse pas sa quote-part des frais fixés, il est permis à l'autre partie de la verser afin que la médiation puisse être mise en œuvre. A défaut de consignation dans le délai fixé par le juge, sa décision est non avenue et la procédure judiciaire reprend son cours.
Lorsque la juridiction étatique désigne une institution de médiation, elle renvoie les parties à se conformer au barème de cette institution.
Les frais de la médiation sont supportés par les parties à parts égales, sauf convention contraire.

Art.14.- Incompatibilités

Sauf convention contraire des parties, le médiateur ne peut assumer les fonctions d'arbitre ou d'expert dans un différend qui a fait ou qui fait l'objet de la procédure de médiation ou dans un autre différend né du même rapport juridique ou lié à celui-ci.
Le médiateur ne peut assumer les fonctions de conseil dans un différend qui a fait ou qui fait l'objet de la procédure de médiation, ou dans un autre différend né du même rapport juridique ou lié à celui-ci.

Art.15.- Recours à une procédure arbitrale ou judiciaire

Lorsque les parties sont convenues de recourir à la médiation et se sont expressément engagées à n'entamer, pendant une période donnée ou jusqu'à la survenance d'un événement spécifié, aucune procédure arbitrale ou judiciaire relative à un différend déjà né ou qui pourrait naître ultérieurement, il est donné effet à cet engagement par le tribunal arbitral ou la juridiction étatique jusqu'à ce que les conditions dont il s'accompagne aient été satisfaites.

Les dispositions de l'alinéa précédent ne sont pas applicables lorsqu'une partie estime nécessaire d'engager, à des fins provisoires et conservatoires, une procédure pour la sauvegarde de ses droits. L'engagement d'une telle procédure ne doit pas être considéré en soi comme une renonciation à la convention de médiation ni comme mettant fin à la procédure de médiation.

Art.16.- Exécution de l'accord issu de la médiation

Si, à l'issue de la médiation, les parties concluent un accord écrit réglant leur différend, cet accord est obligatoire et les lie. L'accord issu de la médiation est susceptible d'exécution forcée.

A la requête conjointe des parties, l'accord de médiation peut être déposé au rang des minutes d'un notaire avec reconnaissance d'écritures et de signatures. Le notaire en délivre, à la requête de la partie intéressée, une grosse ou une copie exécutoire.

A la requête conjointe des parties ou, à défaut, à la requête de la partie la plus diligente, l'accord de médiation peut également être soumis à l'homologation ou à l'exequatur de la juridiction compétente. Le juge statue par ordonnance. Il ne peut modifier les termes de l'accord issu de la médiation.

La juridiction compétente se borne à vérifier l'authenticité de l'accord de médiation et fait droit à la demande dans un délai maximum de quinze jours ouvrables à compter du dépôt de la demande.

Toutefois, l'homologation ou l'exequatur peut être refusé si l'accord de médiation est contraire à l'ordre public.

A défaut de décision dans le délai de quinze jours visés au quatrième alinéa du présent article, l'accord de médiation bénéficie automatiquement de l'homologation ou de l'exequatur. La partie la plus diligente saisit le Greffier en chef ou l'organe compétent qui appose la formule exécutoire. La partie adverse qui estime que l'accord de médiation est contraire à l'ordre public peut

saisir la Cour Commune de Justice et d'Arbitrage d'un recours contre l'acte d'homologation ou d'exequatur automatique dans les quinze jours de la notification de l'accord revêtu de la formule exécutoire ; la Cour Commune de Justice et d'Arbitrage statue dans un délai maximum de six mois. Dans ce cas, les délais prévus par le Règlement de procédure de la Cour Commune de Justice et d'Arbitrage sont réduits de moitié. Le recours est suspensif de l'exécution de l'accord.
La décision du juge qui accorde l'homologation ou l'exequatur n'est susceptible d'aucun recours. Celle qui refuse l'homologation ou l'exequatur ne peut faire l'objet que d'un pourvoi devant la Cour Commune de Justice et d'Arbitrage, qui statue dans un délai maximum de six mois. Dans ce cas, les délais prévus par le Règlement de procédure de la Cour Commune de Justice et d'Arbitrage sont réduits de moitié.
Les dispositions des alinéas 4, 5, 6 et 7 du présent article s'appliquent à l'accord issu d'une médiation intervenue en l'absence de procédure arbitrale en cours. Lorsque l'accord issu d'une médiation intervient alors qu'une procédure arbitrale est en cours, les parties ou la partie la plus diligente avec l'accord exprès de l'autre partie peuvent demander au tribunal arbitral constitué de constater l'accord intervenu dans une sentence d'accord parties. Le tribunal arbitral statue sans débat, à moins qu'il estime nécessaire d'entendre les parties.

Chapitre 3 - Dispositions transitoires et finales

Art.17.- Application du présent Acte uniforme

Le présent Acte uniforme tient lieu de loi relative à la médiation dans les Etats Parties. Il n'est applicable qu'aux procédures de médiation commencées après son entrée en vigueur.

Art.18.- Publication et entrée en vigueur

Le présent Acte uniforme sera publié au Journal Officiel de l'OHADA dans un délai de soixante jours à compter de son adoption. Il sera également publié au Journal Officiel des Etats Parties.

Il entre en vigueur quatre-vingt-dix jours à compter de sa publication au Journal Officiel de l'OHADA.

TABLE DES MATIERES

TITRE II
LA MISE EN ŒUVRE DE LA MÉDIATION

TITRE III
L'INSTANCE DE MEDIATION

TITRE IV
LA PHASE POST-MEDIATION

Structures éditoriales du groupe L'Harmattan

L'Harmattan Italie
Via degli Artisti, 15
10124 Torino
harmattan.italia@gmail.com

L'Harmattan Hongrie
Kossuth l. u. 14-16.
1053 Budapest
harmattan@harmattan.hu

L'Harmattan Sénégal
10 VDN SICAP AMITIE 3
BP 45034 Dakar-Fann
direction@senharmattan.com

L'Harmattan Cameroun
Tsinga/Derrière polyclinique FECAFOOT
BP 11486 Yaoundé
Jacques.koukam@harmattan.fr

L'Harmattan Burkina Faso
Villa 281, secteur 23 623, rue 14.32
Ouagadougou
zagbie@outlook.fr

L'Harmattan Guinée
Almamya, rue KA 028 OKB Agency
BP 3470 Conakry
harmattanguinee@yahoo.fr

L'Harmattan RDC
185, avenue Nyangwe
Commune de Lingwala – Kinshasa
matangilamusadila@yahoo.fr

L'Harmattan Congo
219, avenue Nelson Mandela
BP 2874 Brazzaville
deunovmikhael@gmail.com

L'Harmattan Mali
Immeuble Mgr Jean Marie Cissé
Aci Hamadallaye
BP 145 Bamako
syllaka@yahoo.fr

L'Harmattan Togo
Djidjole – Maison Amela
face EPP BATOME
02 BP 20680 Lomé
didieramela11@gmail.com

L'Harmattan Côte d'Ivoire
Résidence Karl – Cité des Arts
Abidjan-Cocody
03 BP 1588 Abidjan
harmattan.ivoire@gmail.com

L'Harmattan Bénin
Rue 604, (Immeuble à l'entrée
de la rue UCAO- Cite de Saint-Jean)
Cotonou
stepcorpus@gmail.com

Nos librairies en France

Librairie internationale
16, rue des Écoles
75005 Paris
librairie.internationale@harmattan.fr
01 40 46 79 11
www.librairieharmattan.com

Librairie des savoirs
21, rue des Écoles
75005 Paris
librairie.sh@harmattan.fr
01 46 34 13 71
www.librairieharmattansh.com

www.ingramcontent.com/pod-product-compliance
Lightning Source LLC
LaVergne TN
LVHW010926061026
849535LV00007B/2260